L'Association des Idées obéit-elle à des Lois ?

PAR

Dragolioub PÉTROVITCH

Ancien élève diplômé de l'Université de Paris
Docteur ès lettres
Officier d'Académie.

PARIS
--
1920

CAEN — A. OLIVIER, IMPRIMEUR-ÉDITEUR
34, RUE DEMOLOMBE, 34

L'Association des Idées obéit-elle à des Lois ?

L'Association des Idées obéit-elle à des Lois ?

PAR

Dragolioub PÉTROVITCH

Ancien élève diplômé de l'Université de Paris

Docteur ès lettres

Officier d'Académie.

PARIS

—

1920

CAEN — A. OLIVIER, IMPRIMEUR-ÉDITEUR

34, rue Demolombe, 34

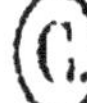

A

Mon maître

Monsieur le D Georges DUMAS,*
professeur à la Sorbonne.

Hommage respectueux.

A la glorieuse mémoire des professeurs et des instituteurs serbes tombés au champ d'honneur pour la liberté et l'unité de la nation serbe.

D. PETROVITCH.

INTRODUCTION

INTRODUCTION

Entre l'époque où la métempsycose de Pythagore faisait de l'âme un être vagabond errant d'un corps à l'autre dans les régions vides de l'univers, et celle du monisme des biologistes modernes qui dans l'âme ne voient qu'une simple propriété de la matière il y a, sans doute, une différence et un progrès. Notre siècle est en mesure de constater nettement que la psychologie métaphysique a subi une faillite irréparable et qu'une science de l'esprit n'est possible qu'à la condition de rejeter toutes les facultés autonomes et de se joindre étroitement à la science du corps.

Que la psychologie ait poursuivi longtemps des chemins détournés c'est un fait parfaitement compréhensible : soit que l'on considère la pensée comme une sécrétion de la substance nerveuse ou bien comme une force spontanée et indépendante, elle reste, dans tous les cas, quelque chose *sui generis* qui échappe à l'observation externe et à la mesure. Une cellule est une quantité susceptible d'être étudiée à l'aide d'instruments dans chaque laboratoire physiologique, mais une image qui se produit dans cette cellule défie tous les microscopes. Si cela est vrai pour les savants de nos jours, ce l'est d'autant plus pour les temps reculés où toutes les connaissances humaines sommeillaient à l'état embryonnaire. L'hétérogénéité entre le monde spatial et celui de l'expérience intérieure a frappé les esprits de très bonne heure, mais ce n'est qu'à nos contemporains qu'était réservée la tâche d'établir des relations causales plus précises entre ces deux mondes. Puisqu'un nerf ou un cerveau — pensait-on — n'est pas la même chose qu'une sensation ou une idée il faut renoncer à étudier l'esprit à travers les choses et se replier dans la contemplation intérieure. *Il ne faut que réfléchir*, tel est le principe d'une vieille méthode psychologique, de la *méthode spéculative* qui a causé tant de mal non seulement à la psychologie mais à l'étude de la nature elle-même. Tant que la psychologie, ayant pour objet une réalité spécifique, se croyait autorisée à chercher ses explications dans la sphère des spéculations purement métaphysiques, ses œuvres n'avaient aucune valeur, elle était complètement stérile.

La période d'égarement a été traversée. Depuis que Gall, en dépit de sa phrénologie malheureuse, a énoncé cette vérité solide que le véritable siège de tous les phénomènes psychiques se trouve uniquement dans l'écorce cérébrale, la psychologie a trouvé sa route sûre et droite. La pathologie est venue apporter aux affirmations de Gall des preuves indéniables. Ainsi, il y a moins d'un siècle, le médecin aliéniste français Foville pouvait-il s'exprimer avec sûreté, dans un article sur l'aliénation mentale, en ces termes : « L'altér(...)on de la substance corticale entraîne toujours des troubles intellectuels » (1).

---

1. Dans Ses belles études sur le mysticisme au Moyen âge en Allemagne, M. Delacroix, professeur à la Sorbonne, consacre un chapitre à exposer la conception théologique de l'âme. « Die sele — c'est la citation de l'auteur — ist ein geist und ist nach gote gebildet und zuo im gefüeget als ein geist zem andern ». Pour le mystique Eckart « l'âme se sépare des créatures... et s'élève graduellement et comme insensiblement du temps qu'elle effleure à l'éternité où elle plonge... Il faut quitter les vanités de ce monde, prendre congé des choses, se détacher de tout ce qui était cher... Il suffit que parfois elle (l'âme) s'élève au lieu qu'elle a quitté, elle est sûre d'y trouver toujours la félicité à laquelle elle aspire ». (H. Delacroix, *Essai sur le mysticisme spéculatif en Allemagne au quatorzième siècle*, Paris, 1899, p. 101-210). Que nous sommes loin de cette conception !

Il est intéressant de remarquer que Descartes considérait la glande pinéale comme siège de l'âme. Néanmoins, sous l'influence de W. Harvey (qui, en 1628, découvrit la circulation du sang) il a fait un grand pas vers la conception physiologique de la conscience en affirmant que l'activité de l'âme est liée immédiatement au cerveau. Quand nous entendons parler des vestiges dans le cerveau qui font que l'âme se souvient de quelque chose, ou bien de l'ébranlement nerveux qui, en se répétant, modifie la matière cérébrale et y « creuse une route par laquelle les esprits animaux prennent plus facilement leur cours...» « tout de même que les plis qui sont dans un morceau de papier ou dans un linge, font qu'il est plus propre à être plié derechef comme il a été auparavant que s'il n'avait ja-

Lorsqu'un nombre suffisant de données ont été acquises et mises à la disposition des psychologues, l'heure du parallélisme psycho-physiologique avait sonné : toutes les facultés spirituelles indépendantes furent bannies du domaine de la psychologie ; à leur place on établit comme axiome que toutes les manifestations psychologiques supposent des manifestations physiologiques correspondantes, et qu'un processus de conscience ne peut se produire sans un autre processus concomitant dans le cerveau : les deux séries courent parallèlement. Une âme autonome est une notion inintelligible et antiscientifique, autrement dit, la méthode psycho-physiologique est seule à même de résoudre et d'expliquer les problèmes psychiques.

On objecte souvent que, la physiologie une fois introduite dans la psychologie, celle-ci en tant que science spéciale est impossible et alors son objet ne constitue qu'un appendice de la physiologie. Certains adversaires de la psychologie physiologique s'efforcent de montrer le grand danger que la psychologie court inévitablement en voulant adopter cette manière de voir. Car, avec la méthode physiologique — disent-ils — la psychologie perd son autonomie comme science. Mais cette crainte est mal fondée. On se forme une fausse conception sur la signification du terme de science. La répartition des différentes connaissances en

---

mais été ainsi pillé » — nous ne pouvons nous empêcher de voir en Descartes un vrai précurseur de la psychologie moderne.

sciences séparées est une œuvre plus ou moins conventionnelle, et si l'usage quotidien admet et soutient telle ou telle classification des connaissances, ce n'est pas pour montrer la supériorité d'une science sur une autre, mais uniquement pour faciliter l'étude. A rigoureusement parler, il n'y a pas de *sciences*, il n'y a qu'une *science*. Le savoir individuel est une partie de savoir commun, et une science particulière est seulement un membre dans l'ensemble organique de science. Or, il est tout-à-fait naturel que le progrès universel fasse naître à cet organisme de nouvelles branches à côté des anciennes déjà formées, mais l'ensemble n'en demeure pas moins un tout organique.

En ce qui concerne la psychologie physiologique, nous pouvons être certains de son autonomie. Le sens de ce terme « physiologique » ne fait que mettre en relief la tendance de la psychologie à expliquer les faits de conscience d'une façon réelle et naturelle. Quel que soit notre concept de la conscience, soit qu'on la réduise à une simple fonction de la matière ou qu'on la rehausse au rang de faculté irréductible, nous nous trouverons toujours en présence d'une vérité incontestable : dans l'intérieur des êtres vivants, en particulier des hommes, il se déroule à chaque instant une série ininterrompue de phénomènes spécifiques, conscients, distincts des phénomènes physiologiques. Ces phénomènes doivent être arrangés en un système précis. L'examen attentif trouvera dans ce domaine non seulement une foule de faits, mais surtout des rapports entre eux. Car, la conscience n'est pas un chaos de hasards incompréhensibles, mais un ensemble de phénomènes strictement conditionnés. Pénétrer dans ces rapports, chercher ces conditions, trouver leur dépendance mutuelle, enfin établir les traits essentiels de tout ce que nous pensons, sentons et voulons — comme on dit d'ordinaire — c'est sans doute la besogne sérieuse de la véritable science.

Un autre raisonnement s'impose aussi dans cette hypothèse. La conscience est un produit d'une longue évolution de la nature, et, par conséquent, on peut se figurer un moment dans l'histoire naturelle où elle n'existait pas (1). A force de vivre et de lutter pour la vie l'animal a dû, en vertu de la sélection, sortir de cet état primitif, régi exclusivement par les *excitations* et passer à un état supérieur où les *images* et leurs *associations* jouent le principal rôle. Voilà le commencement d'une nouvelle ère dans la marche ascendante de la vie — le commencement de la psychologie. Ce n'est donc pas le caprice et la volonté des philosophes

---

1. « L'appareil intellectuel de l'homme — dit Ch. Richet — avec cette prodigieuse mémoire, cette faculté d'idéation, de généralisation et de conscience est le résultat des efforts lents et patients de la nature pendant des milliers de milliers de siècles. Il est permis d'espérer que le progrès n'est pas achevé, et que cette admirable intelligence continuera à devenir d'âge en âge de plus en plus puissante. La conscience s'est dégagée de l'inconscience. Qui sait si d'autres forces ne se dégageront pas encore ? » (Ch. Richet, *Essai de psychologie générale*, Paris, 1887, p. 193).

qui ont donné naissance à cette science, c'est une nécessaire expression du progrès. Tenter de faire entrer la psychologie dans la physiologie cela reviendrait à supprimer la
conscience et l'identifier avec la chair, les muscles et les
nerfs. Les processus psychiques ne peuvent pas s'expliquer
sans le substratum nerveux, mais il ne suffit pas d'avoir la
substance nerveuse pour avoir la conscience. Si nous faisons
reposer toute l'activité mentale sur une activité physiologique ce n'est pas pour les fondre l'une dans l'autre, mais
uniquement parce que l'expérience la plus ordinaire nous
apprend qu'elles sont inséparables l'une de l'autre (1).

Il faut donc renoncer au pédantisme arbitraire et regar-
der au cœur des choses. La confusion et le vague qui surgissent dès que la question de la division et de la hiérar-
chie des sciences se pose devant nous n'empêchent pas de
voir le fait que les sciences pénètrent plus ou moins nécessairement l'une dans l'autre, non pas pour se détruire, mais
pour se secourir. Il semble bien que tous ceux qui vou-

----

1. C'est encore à l'aide du système nerveux que M. le Dr
Georges Dumas, professeur à la Sorbonne, dans son remarquable ouvrage « La tristesse et la joie », cherche à déterminer la vraie nature de l'émotion. S'opposant à la théorie physiologique de James et de Lange il a trouvé un heureux moyen
pour les réconcilier. Nous intercalons — dit-il — entre les représentations et le sentiment « un élément nouveau, le système nerveux, et souvent le corps tout entier, dont le bon sens
populaire avait déjà pressenti l'importance bien avant qu'une
théorie physiologique l'exprimât en termes précis ». (Georges
Dumas, *La tristesse et la joie*, Paris, 1900, p. 416).

draient identifier la psychologie avec la physiologie cachent, en fin de compte, le dessein d'identifier l'idée avec la matière. Cependant, cette tentative, ainsi comprise, serait antiscientifique et absurde. Si un biologiste moderne déduit la conscience primitive, en dernière analyse, des éléments matériels, il envisage la chose toujours historiquement ; cela ne signifie nullement que la conscience, actuellement, puisse se réduire à la substance cérébrale. pas plus qu'un homme ne peut se réduire à son embryon. L'analyse nous montre les faits de conscience comme des faits originaux, donc la psychologie qui étudie ces faits doit être, elle aussi, une science à part.

En résumé, toutes les disciplines scientifiques pourraient être considérées comme le résultat de la spécialisation qui est la forme générale du progrès. Leurs limites sont plus ou moins imprécises et leur entrelacement mutuel peut aller quelquefois jusqu'à les faire confondre. La physiologie même qui prétend à assimiler la psychologie n'est qu'un appendice de la biologie. En continuant la réduction par une telle voie on arriverait facilement à une science générale qui embrasserait toutes les autres. Mais tout cela ne servirait à rien.

Quant à la psychologie elle est assurément maîtresse dans son domaine. Son droit à l'indépendance est beaucoup plus légitime que celui de la physiologie même. Elle s'appuie sur celle-ci, comme celle-ci s'appuie sur la chimie. Mais une fois la psychologie introduite dans le cycle des sciences, par la découverte de matériaux nécessaires pour son édifice, aucune autre science ne s'occupe et ne peut s'occuper de la construction de cet édifice. L'explication de tous les phénomènes de conscience en général et du phénomène de l'association, objet de notre étude, en particulier, appartient uniquement à elle.

Nous avons cru utile d'énoncer ces remarques préliminaires pour deux raisons : d'abord parce que nous nous proposons, dans la présente étude, d'examiner le problème de l'association au point de vue physiologique et, ensuite, parce que, en traitant ce problème physiologiquement, nous ne désirons pas nous identifier avec ces étranges partisans de la biologie universelle qui prétendent pouvoir supprimer l'indépendance de la psychologie et n'en faire qu'un simple chapitre de la physiologie !

Ainsi, après avoir indiqué la direction où nous poursuivrons nos recherches dans la présente étude et justifié notre point de vue nous voulons aborder le sujet lui-même.

Dans la première partie de notre travail nous exposerons les diverses théories de l'association des idées actuellement existantes et nous verrons que la question de l'association à propos de laquelle on a fait couler beaucoup d'encre est loin d'être résolue. Malgré toute sa banalité elle demeure actuelle, et la confusion qui y règne mérite d'attirer l'attention des psychologues.

Dans la deuxième partie nous essayerons de montrer le processus physiologique de l'association.

Enfin, dans la troisième, nous soumettrons les différentes conceptions à la critique pour arriver à une conclusion.

PREMIÈRE PARTIE

Diverses théories de l'association.

CHAPITRE PREMIER

Théories à une loi.

———

Les lois de l'association des idées se heurtent à deux sortes de difficultés : d'une part, les protestations soi-disant savantes qui nient la possibilité des lois psychologiques en général ; d'autre part, la complexité même de la question. Depuis Platon et Aristote jusqu'à nos jours les psychologues ont essayé de résoudre le problème de plusieurs manières. Nous allons classer leurs solutions d'après le nombre de lois qu'elles comportent. C'est ainsi que ressortira le mieux toute la confusion qui règne dans ce domaine.

Selon certains auteurs, il n'y a qu'une loi qui dirige toute l'association d'idées, d'autres en trouvent deux, quelques-uns trois, quelques autres en admettent même davantage.

Dans les théories à une seule loi qui prétendent être les plus logiques, les opinions sont loin de concorder même sur les points essentiels. L'unification de la pensée, comme l'unification dans la nature, est un beau principe, mais on ne sait pas où il réside. Pour les uns, la loi unique s'appelle contiguïté, pour les autres, ressemblance, pour certains, totalisation.

1. *Contiguïté*. — Ce sont MALEBRANCHE et HARTLEY qui, les premiers, suppriment la ressemblance comme loi originale de l'association. Le métaphysicien français voit la cause de la liaison des idées dans « l'identité du temps » ; un psychologue moderne dirait dans la simultanéité ou la contiguïté. Les idées qui ont été imprimées au cerveau en même temps ne peuvent se réveiller l'une sans l'autre. L'association par ressemblance se réduit à l'association par l'identité du temps (1). D'après HARTLEY, tous les rapports d'association sont ou synchroniques (coexistence) ou successifs (succession). Coexistence et succession sont deux aspects d'un même principe — la contiguïté (2).

---

1. Malebranche a eu le mérite d'exprimer nettement, le premier, l'identité du temps comme cause fondamentale de la liaison des idées. Pour lui, comme pour Descartes, les sensations laissent des traces dans le cerveau, et ces traces se lient si bien les unes avec les autres qu'elles ne peuvent plus se réveiller « sans toutes celles qui ont été imprimées dans le même temps... Deux idées qui se suggèrent par ressemblance sont deux idées qui ont des éléments communs, dont les traces par suite se coupent en un point donné, se croisent et se rencontrent. Ce qui réveille l'idée du visage quand je vois la lune, c'est l'élément commun au visage et à la lune. Si l'idée du visage reparaît c'est que l'élément commun à la lune et au visage a été perçu dans le même temps que le visage. » (Malebranche, *De la recherche de la vérité*, liv. II, Paris, 1694, p. 10-35).

2. T. Ribot, *La psychologie anglaise contemporaine*. — J. St.-

J. Mill s'associe à cette opinion. Les relations d'ordre synchronique représentent la contiguïté dans l'espace, et celles d'ordre successif, la contiguïté dans le temps. En tout cas, nous ne sortons pas de cette relation principale. La ressemblance se ramène à la contiguïté parce que nous sommes accoutumés « à voir ensemble les choses semblables ». L'idée qu'un objet a déposée dans la mémoire après avoir produit son effet sur le nerf respectif est devenue représentative non seulement de cet objet seul, mais de tous les objets qui lui ressemblent. Par suite, une idée ancienne, ravivée par la présence d'une autre, analogue, quoique neuve, jaillit sur la surface de la conscience par la simple communauté de leurs éléments constitutifs (1).

W. James donne une explication dans le même sens. La loi associative élémentaire est la contiguïté. Celle-ci doit être regardée comme un résultat de l'habitude nerveuse. Toute la question est là. Sans la physiologie du cerveau, sans l'activité des cellules cérébrales, sans le processus de la substance nerveuse on ne pourrait pas se rendre compte

---

Mill considère Hartley comme « le premier père de l'association ». James dit de lui : « Hartley a émis l'idée que l'habitude suffit à rendre compte de toutes nos séquences... Il prenait, à mon avis, le bon chemin, et envisageait la question par son côté essentiel; je vais reprendre ses conclusions ». (W. James, *Précis de Psychologie*, Paris, 1909, p. 334).

1. Th. Ribot, *La psychologie anglaise contemporaine*, Paris 1891, p. 55.

du jeu de l'association. Deux processus cérébraux qui se sont opérés en même temps ou l'un immédiatement après l'autre, tendent à se renouveler ensemble. C'est dans la disposition au renouvellement de ces processus déjà antérieurement effectués une ou plusieurs fois que consiste essentiellement la loi générale de l'habitude. La ressemblance comme loi spéciale de l'association est inintelligible ; isolée de l'habitude, elle ne peut nullement, par elle-même, provoquer la réviviscence des représentations. La similitude entre deux choses n'est perceptible qu'une fois accomplie leur liaison dans la conscience. Elle est donc un effet de l'association et non sa cause. Et lorsqu'une idée d'autrefois est éveillée par une autre idée actuelle, c'est parce qu'il y a eu, dans le passé, contiguïté d'excitation entre la région nerveuse d'une idée et la région nerveuse de l'autre (1).

Pour V. BROCHARD les associations par contiguïté sont aussi une application particulière de la loi d'habitude. Si cette loi est rationnellement inexplicable, du moins peutelle englober la prétendue loi de similarité. En fait, cette loi-ci n'existe pas. Pour que nous puissions apercevoir la ressemblance entre deux objets il est nécessaire que ces deux objets semblables aient été déjà associés par contiguïté avant la perception de leur ressemblance ; en d'autres termes, la loi de contiguïté doit intervenir préalablement pour

---

1. W. James, *Précis de Psychologie*, Paris, 1909, p. 361.

nous fournir les éléments entre lesquels nous remarquons la ressemblance (1).

E. RABIER plaide la même cause. Le rapport de similarité ne joue absolument aucun rôle dans la reviviscence de nos états de conscience. En effet, il suppose au moins deux termes entre lesquels la ressemblance doit être perçue, et tant que cette condition n'est pas remplie, il n'est pour rien dans la suggestion des idées. Mais si les deux termes sont donnés, l'association entre eux est déjà faite *ipso facto* par l'apparition contiguë dans la conscience. Donc, la raison unique de l'association est la contiguïté subjective : les idées qui s'associent doivent s'être trouvées, au moins une fois, ensemble dans la conscience, soit simultanément, soit successivement. Certes, il arrive souvent qu'une perception actuelle fait renaître une représentation passée avec laquelle elle n'a jamais été en relation de contiguïté, uniquement, paraît-il, en raison de leur ressemblance. Mais ici encore l'apparence dissimule le réel. Dans ce cas, les deux images ont quelque chose de commun, et c'est précisément par ce caractère commun qu'elles peuvent s'évoquer l'une l'autre. En effet, ce caractère donné dans la perception actuelle (inductrice) a déjà coexisté dans une première expérience avec les autres éléments de la représentation ancienne (induite) ; ils sont, en quelque sorte, contenus l'un dans l'autre, donc

---

1. V. Brochard, *De la loi de similarité dans les associations d'idées*, Revue philosophique, 1880, t. I, p. 259.

contigus. L'association comme opération intellectuelle est rendue possible grâce à une disposition, une habitude, une trace que l'expérience antécédente a laissée dans l'esprit. En vertu de l'habitude, on tend à refaire ce qu'on a déjà fait. Appliquée à l'association, l'habitude nous explique pourquoi les idées, une fois associées entre elles, tendent à réapparaître ensemble (1).

2. *Ressemblance*. — Quelques psychologues prennent le chemin opposé au précédent. Avec plus ou moins de subtilité ils attribuent à la ressemblance seule une prépondérance inattendue (2). Deux idées qui ont été pensées ensemble, en vertu de la contiguïté, sont ressemblantes, malgré toute leur différence éventuelle, précisément parce qu'elles ont été pensées ensemble. Ce caractère *ensemble* appartient à toutes deux, et, par là même, les rend semblables ! Qu'il s'agisse d'un nombre limité d'idées ou de toutes les idées d'une cons-

---

1. E. Rabier, *Psychologie*, Paris, 1888, p. 192.

2. P. M. Mervoyer est presque enthousiasmé par le principe de ressemblance. « On sait — dit-il — que c'est aux conjectures suggérées par le sentiment de la ressemblance que nous sommes redevables de la gravitation universelle, du paratonnerre, de la machine à vapeur, etc... Il n'est point de science qui ne procède de la loi de ressemblance ». Et le point culminant de cette conception est atteint dans cette citation, empruntée à la *Logique* de J. S. Mill : « Même lorsque les choses n'ont entre elles qu'un seul point de ressemblance, celui qui est commun à toutes les choses c'est-à-dire de faire partie de ce monde, cela suffit pour constituer un rapport ». (P. M. Mervoyer, *Étude sur l'association des idées*, Paris, 1864, p. 16 et suiv.).

cience, peu importe : elles ont toutes, sans exception, ce fond commun d'être des éléments d'une même conscience, d'une même personnalité.

Une autre considération vient corroborer la priorité et la suprématie de la ressemblance sur la contiguïté. Prenons et analysons ce simple exemple : la vue d'un musée m me fait songer à un tableau t que j'y ai remarqué ; donc m a évoqué t par la coexistence ?

Erreur. La perception m, au moment présent, est une perception nouvelle, elle n'est plus m mais m', et comme telle elle ne peut pas reproduire t puisque m' n'a jamais été en connexion avec t. Pour que t puisse paraître, il faut que m' s'associe d'abord avec m *par la similitude*, et alors seulement, au moyen de cette ressemblance entre m' et m, c'est-à-dire entre la perception actuelle du musée et son image-souvenir, l'idée t peut sortir de son état latent.

H. Spencer ramène, d'une manière originale, tous les rapports des états de conscience au rapport de ressemblance. Il se forme une classification spontanée entre tous les états de conscience de sorte que notre volonté et notre pensée n'y sont pour rien. Chaque état de conscience, quand il naît, s'associe d'abord à sa classe, puis s'en va à sa sous-classe, ensuite à sa sous-sous-classe, etc. Mais tout cela se fait d'une façon automatique et instantanée. Ainsi quand nous regardons le ciel, la sensation nous impressionne comme quelque chose d'extérieur : nous ne confondons pas la couleur avec la faim ; en même temps la sensation passe à son ordre ou à sa sous-classe c'est-à-dire qu'elle nous impressionne comme une sensation *visuelle*, non pas gustative ; au même moment elle passe au genre ou à la sous-sous-classe, c'est-à-dire qu'elle nous affecte comme une sensation de *bleu*, non pas de vert ; plus encore, la sensation se classe dans l'espèce de *bleu-ciel*, non pas de *bleu-marin*. Cette classification ou cohésion de chaque état de conscience avec d'autres états antérieurement éprouvés des mêmes classe, ordre, genre, espèce est le seul véritable processus d'association des états de conscience. A cette classification d'ordre psychique correspond la classification d'ordre physique : les sensations des divers sens sont localisées dans leurs faisceaux particuliers des fibres nerveuses du cerveau ; bien plus, chaque sous-groupe des sensations doit avoir logiquement son substratum physiologique correspondant dans une partie spéciale des cellules cérébrales. Il en résulte que l'association de chaque état de conscience avec des états semblables antérieurs répond à la réexcitation physique des cellules particulières où ces états se sont localisés antérieurement lors de leur première formation. Ainsi, la loi fondamentale de l'association est celle-ci : chaque état de conscience, au moment de la présentation, s'agrège avec son semblable dans l'expérience passée.

Quant à l'association des idées proprement dite, au sens ordinaire du mot, Spencer l'identifie avec le courant de la conscience. La vie de l'intelligence consiste dans la sérialité de ses changements, dans la succession des états de cons-

cience. Y a-t-il quelque ordre dans ces changements sériels
continus, et quelle est la loi de cette succession ? Il est manifeste que les changements de conscience ne se produisent pas
au hasard. Les rapports internes, psychiques, sont nécessairement en correspondance avec les rapports externes, physiques, et, par conséquent, l'ordre des changements internes
doit s'exprimer par les termes de l'ordre dans les changements externes. Si donc la connexion entre les phénomènes
du milieu ambiant est absolue, la connexion entre les phénomènes de notre conscience l'est aussi ; si la relation est
probable en dehors de nous, elle est probable aussi en nous;
si la relation est fortuite dans le monde extérieur, elle ne
peut être que fortuite dans le monde mental. Bref, la persistance de la connexion entre les deux états de conscience
est proportionnée à la persistance de la connexion entre les
phénomènes externes auxquels ils répondent.

Comme on le voit Spencer traite le problème de l'association sous deux aspects originaux : comme classification des états de conscience sur la base de la ressemblance et comme correspondance entre les faits internes et
les faits externes sur la base de l'identité (1).

B. Bourdon tient pour factice tout essai de convertir la
similarité en contiguïté. Une tentative de ce genre ressem-
blerait à celle d'un physicien qui voudrait réduire la gravi-

---

1. H. Spencer, *Principes de Psychologie*, Paris, 1898, p. 254
et suiv. et 430.

tation newtonienne à la pesanteur terrestre. Tout d'abord le terme « contiguïté » ne convient pas aux phénomènes psychiques puisque seuls les objets physiques peuvent être contigus les uns aux autres. Il faut dire similitude ou ressemblance car, en définitive, ce qu'on désigne par le mot de contiguïté n'est que la ressemblance quant au temps ou quant à l'espace. En général, la similitude porte principalement sur : 1° la quantité (intensité, étendue, durée) ; 2° la qualité ; 3° l'affectivité (plaisir, douleur) ; 4° la position (dans le temps, dans l'espace) ; 5° le nombre ; 6° l'ordre. Ces diverses ressemblances exercent une influence réciproque les unes sur les autres, mais la plus importante est la ressemblance de qualité.

Voici des propositions par lesquelles Bourdon veut appuyer sa théorie.

La similitude d'intensité tend à se rencontrer avec la similitude d'étendue et de durée, de temps et d'espace. Exemples : dans le groupe de trois lettres A A A la lettre du milieu est plus intense parce qu'elle est plus grande ; la première syllabe du mot allemand *leben* est plus accentuée, plus intense, et, par conséquent, plus longue ; une image nous paraît plus présente lorsqu'elle devient plus vive ; à la tête d'un cortège sont placés les hommes les plus remarquables, les plus forts.

La similitude de qualité entraîne la similitude de temps et encore plus celle d'espace, par exemple : les idées semblables s'entr'évoquent rapidement ; le chien qui aperçoit au loin un autre chien cherche tout de suite à se joindre à lui.

L'affectivité entre en rapport avec le temps, l'intensité et la qualité : les idées semblables au point de vue affectif tendent à se présenter en même temps, et c'est pourquoi à certains moments nous voyons tout en noir ou tout en rose ; les sensations trop intenses produisent la douleur ; les phénomènes de qualité semblable nous affectent de la même manière.

Que les choses semblables par la position dans le temps ou dans l'espace s'associent les unes avec les autres c'est trop évident pour qu'il soit nécessaire d'y insister.

Le nombre ne manque pas non plus d'exercer quelque action sur l'intensité et sur le temps. Ainsi, la nombreuse répétition augmente la force de l'association, et les vers, composés d'un nombre égal de syllabes, se retiennent plus facilement que la prose. Enfin, la similitude d'ordre tend également à produire d'autres similitudes. Si on range, par exemple, des hommes suivant leur ordre de qualité (aristocratie, bourgeoisie, peuple) ils entreront plus vite en communication que si on les range dans un ordre quelconque (aristocratie, peuple, bourgeoisie).

Quant aux lois d'association, elles doivent être remplacées par les lois de la *société des phénomènes*. Le mot « association » exprime une formation accidentelle, tandis que la « société » signifie un état donné, stable. Et puis, il faudrait établir des lois d'association qui seraient valables non seulement pour les idées mais pour les sensations et les objets aussi. Le nom de « phénomène », sous lequel on peut bien comprendre des objets en les considérant comme des phénomènes de grande durée, convient ici très bien. En fin de compte, cette société des phénomènes se comporte exactement comme la société *humaine*. Elle repose sur la ressemblance. Ne voyons-nous pas dans la société humaine que la similitude de position, la juxtaposition, entraîne la similitude de langue et de mœurs ? Les lois sociologiques sont un cas des lois de la société des phénomènes en général (1).

Nous avons donné ici un peu plus de place à la théorie de Bourdon en vue de montrer quels efforts d'esprit on prodigue pour éclairer le dédale de l'association sans d'ailleurs y réussir.

3. *Totalisation.*— L'énonciation de cette loi, appelée la loi de *réintégration* ou de totalité, remonte au philosophe ecossais *W. Hamilton*. Il l'énonce ainsi : les idées qui précédemment ont fait partie d'un même tout ou d'un acte total de connaissance se suggèrent les unes les autres. C'est la formule générale où la ressemblance aussi bien que la simultanéité trouvent leur unité. La donnée immédiate de la vie consciente est la succession et la variation. Toute idée subséquente dépend de l'idée antécédente, ce qui signifie que la filière de nos pensées se trouve sous l'empire d'une loi de dépendance déterminée. Quelle que soit la modification

1. B. Bourdon. *Les résultats des théories contemporaines sur l'association des idées.* (Revue philosophique, 1891, t. I).

qui se produise dans le mouvement mental, elle sera toujours l'effet de la modification précédente immédiate. Cette
loi de dépendance implique la loi de réintégration dont
l'unité, d'ailleurs, se déduit de l'unité même du sujet pensant (1).

H. Höffding adopte cette conception. L'essence de toute
association consiste en ceci : un élément étant donné, nous
tendons à reproduire l'état mental total dont cet élément ou
un autre semblable a fait partie. Ce passage de la partie au
tout est la loi fondamentale de l'association dont les lois de
ressemblance et de contiguïté ne sont que des cas extrêmes.
Höffding l'appelle *la loi de totalisation*, et lui donne la formule suivante : $a^1 + (a^2 + b + c)$, ou a^1 désigne la partie
donnée et $(a^2 + b + c)$ l'état total à reproduire. En supposant que l'intensité de b et c décroisse indéfiniment on ar-
rivera à la formule $a^1 + a^2$ qui représente l'association par
ressemblance ; si, au contraire, on suppose que a^1 et a^2 se
fondent au cours d'un certain temps et deviennent de moins
en moins nets et de moins en moins reconnaissables, on
aboutira à la formule de l'association par contiguïté : $a + b$.
La possibilité de cette réduction de toute association à une
loi unique découle de l'unité de la conscience. Celle-ci est
une activité synthétique ; l'association est une synthèse.
Chaque élément de conscience doit être regardé comme

---

1. Louis Ferri, *La psychologie de l'association depuis Hobbes
jusqu'à nos jours*, Paris, 1883, p. 253.

partie d'un tout. Or, dès qu'une partie nous est donnée il est naturel que le tout soit évoqué (1).

1. H. Höffding, *Esquisse d'une psychologie fondée sur l'expérience*, Paris, 1900.

CHAPITRE II

Théories à deux lois

Un groupe de psychologues veulent maintenir l'indépendance de deux lois sus-mentionnées : la contiguïté et la ressemblance. Ce qu'ils ne peuvent pas admettre c'est l'indépendance de la loi de contraste.

Suivant cette théorie, ceux qui désirent réduire les lois d'association à une seule loi exigent cette réduction plutôt au nom du grand principe d'unification totale de toutes les choses dans la nature que sur l'indication des faits. Une brève analyse suffit pour montrer que cette réduction repose sur une définition inexacte et arbitraire. Ramener la ressemblance à la contiguïté, cela veut dire supposer que la ressemblance se compose de deux éléments : identité plus différence. Or, une pareille définition, d'après cette théorie, est insoutenable. On peut démontrer, par expérience, que deux objets n'ayant rien d'identique dans leur forme et leur contenu peuvent pourtant ressembler l'un à l'autre. Ce qui joue un rôle décisif dans notre jugement sur l'analogie des choses ce n'est pas l'identité de telle et telle partie, mais la disposition des éléments. Il existe des objets et des personnes qui présentent un plus ou moins grand nombre de parties identiques, et nous semblent néanmoins différents si ces parties sont disposées différemment. Inversement, des objets différents peuvent paraître semblables s'il y a quelque similitude dans *l'assemblage* de leurs éléments (1).

Cependant, il est un point où les adhérents de cette théorie tombent d'accord avec ceux de la théorie à une loi : les uns comme les autres repoussent la loi de contraste et la font entrer ou dans la loi de ressemblance ou dans celle de contiguïté. Il faut d'abord, disent-ils, prendre garde de ne pas confondre les choses contrastantes avec les choses différentes ou disparates. Comme Aristote l'a déjà remarqué le contraste ne peut exister qu'entre des objets et des idées appartenant au même genre. Le nain et le géant tombent sous l'idée commune de grandeur, et, par cette qualité commune, ces deux termes contrastants ressemblent l'un à l'autre. Entre les deux termes on peut en intercaler d'autres et former ainsi une série : entre le blanc et le noir, par exem-

---

1. Les arguments en faveur du principe de ressemblance sont parfois très subtils et même inintelligibles. D'après Durkheim, la ressemblance développe « une propriété *sui generis* en vertu de laquelle deux états, séparés par un intervalle de temps, seraient déterminés à se rapprocher ». C'est cette « propriété *sui generis* » qui est incompréhensible.

ple, on pourrait établir de multiples intermédiaires et rendre ainsi le passage d'un extrême à l'autre imperceptible.
La ressemblance des contrastes provient donc non seulement
de leur genre qui est le même, mais encore de leurs posi-
tions qui sont toujours les extrémités d'un tout. Cette affi-
nité étroite entre les contrastes dans la réalité se traduit
spontanément dans le langage : celui-ci les associe d'habitude et les garde comme couples dans la conscience. Et
lorsque, le cas échéant, un membre de la couple se présente,
l'autre est prêt à se présenter également. Les contrastes revêtent ici un caractère de simultanéité puisqu'ils coexistent
comme un tout. Or, simultanéité est englobée dans la loi
de contiguïté (1).

J. St. Mill se déclare contre la réduction de la ressemblance à la contiguïté. Il combat la tentative de son père,
James Mill, qui, comme nous avons vu, opérait cette réduction en rattachant la ressemblance à la loi de frequence, c'est-
à-dire à l'habitude. « Pour nous — dit St. Mill — les lois de
l'association des idées sont les suivantes : 1° Les idées de phénomènes semblables tendent à se présenter ensemble à l'esprit ; 2° quand les phénomènes ont été ou expérimentés ou
conçus en contiguïté intime l'un avec l'autre leurs idées ont
de la tendance à se présenter ensemble. Il y a deux espèces
de contiguïté : la simultanéité et la succession immédiate.

---

1. D. Roustan, *Psychologie*, p. 283 et suiv. — A. Bain, *Les
sens et l'intelligence*, Paris, 1874, p. 521.

Quand les faits ont été expérimentés ou pensés en succession immédiate l'antécédent ou son idée rappelle celle du conséquent, mais la réciprocité n'est pas vraie » (1). Dans un autre endroit de sa « Philosophie de Hamilton » il dit plus brièvement : « Tout le monde comprend que les sensations se suggèrent mutuellement parce qu'elles se ressemblent ou parce qu'elles ont été éprouvées ensemble » (2).

Mais pour Mill ce qui importe surtout dans l'étude psychologique, c'est de montrer comment les phénomènes psychiques complexes peuvent s'expliquer par le simple phénomène d'association. C'est pourquoi il insiste sur la loi de répétition : grâce à celle-ci les idées qui se sont toujours présentées ensemble dans la conscience finissent par former une « association inséparable ». Cette association inséparable une fois contractée, les idées, ainsi liées par la répétion, s'évoquent toujours l'une l'autre ; bien plus, les faits et les phénomènes même qui leur répondent finissent par sembler inséparables dans la réalité.

Vers la fin de sa vie Mill s'attacha surtout à la psychologie de son ami A. Bain dont les idées (telles qu'elles sont exposées dans les ouvrages *The Senses and the Intellect* et *The Emotions and the Will*) ont été l'objet de ses éloges répétés.

D'après A. BAIN les lois de contiguïté et de ressemblance

---

1. J. St. Mill, *Examen de la Phil. de Hamilton*, chapitre XI.
2. Ibid., p. 802.

correspondent à deux fonctions mentales distinctes : tandis que l'association par contiguïté joue le rôle prépondérant dans l'acquisition des connaissances usuelles, l'association par ressemblance travaille surtout dans les raisonnements et les sciences : sur elle se fondent les méthodes scientifiques d'induction et de déduction, de classification et de généralisation. Un des attributs primitifs de l'esprit humain est le pouvoir de saisir la similarité dans la diversité (la conscience de la ressemblance) : c'est le fondement de l'association par ressemblance ; l'autre attribut primordial est la propriété de retenir la différence saisie (la retentivité) : c'est le fondement de l'association par contiguïté. Les deux lois d'association ont donc leur origine dans la nature même de l'esprit. Le contraste n'existe pas en tant que loi. Il n'est qu'une condition de toute connaissance : nous ne pouvons connaître les choses qu'en connexion avec leurs contraires ou avec leurs négations. Par l'habitude, le langage vient associer les termes contrastants en couples inséparables en sorte que, dans la mémoire, ils s'entraînent l'un l'autre spontanément. Qui dit, par exemple, noir est près de dire blanc (1).

Th. Ziehen tout en ramenant la plupart des associations par ressemblance à la contiguïté, consent à reconnaître, au moins dans une certaine mesure, l'efficacité associative de la similitude. Celle-ci agit surtout dans l'association des re-

---

1. A. Bain, *Les sens et l'intelligence*, Paris, 1874, p. 285, 416, 251.

présentations auditives des mots semblables tels que : mon, pont, vont. Dans certains cas de psychose elle peut acquérir une prédominance singulière où la succession des rimes se déroule mécaniquement sans aucun sens. Autrement, à l'état psychique normal son rôle se manifeste principalement au moment où l'association commence : la première représentation qui vient s'associer à la sensation inductrice est suggérée toujours en vertu de sa similarité avec la sensation ; les autres représentations s'appellent presque exclusivement suivant le principe de contiguïté. Lorsque donc une idée *a* est présente dans notre conscience, l'idée subséquente *b* sera, non pas une idée quelconque, mais l'idée qui s'est souvent présentée avec *a*. Quant à l'association par contraste, elle n'est qu'un cas particulier de l'association par ressemblance. Les représentations contrastantes sont celles qui, à côté de la non-ressemblance en un point, présentent la ressemblance en pluseurs autres (1).

M. BERGSON, tout en adoptant pour l'association des idées les deux principaux rapports : la ressemblance et la contiguïté, s'élève énergiquement contre l'interprétation associationniste de ces rapports. Il est incontestable que toute idée, évoquée dans la conscience, se trouve en relation de ressemblance ou de contiguïté avec l'état mental antérieur. Bien plus, avec un peu de réflexion on pourrait trouver ces rela-

---

1. Th. Ziehen, *Leitfaden der physiologishen Psychologie*, Iena, 1908, p. 176.

tions entre deux idées quelconques. Si donc on découvre la ressemblance ou la contiguïté entre deux idées, on n'explique point du tout pourquoi l'une évoque l'autre. Les psychologues anglais ont tort de considérer les idées comme des éléments plus ou moins indépendants, comme une collection d'unités, qui au cours de l'association défilent l'une après l'autre en série. En réalité, la conscience est un tout indivisé et indivisible que la réflexion seule morcelle. Par conséquent, ce qui a besoin d'être expliqué dans le phénomène d'association ce n'est pas « la cohésion des états internes, mais le double mouvement de contraction et d'expansion par lequel la conscience resserre ou élargit le développement de son contenu ».

Alors — pourrait-on objecter — l'association des idées n'a plus sa raison d'être puisque les idées surgissent dans l'esprit non pas par suite de l'association, mais bien plutôt par suite de la dilatation de la conscience ? Il n'en est rien. L'association par ressemblance et l'association par contiguïté sont deux aspects de la vie elle-même : d'une part, chaque organisme tend à extraire d'une situation donnée ce qui est utile pour lui ; d'autre part, sa réaction dans cette situation une fois produite, il tend à l'emmagasiner dans le système nerveux, sous forme d'habitude motrice, qui lui servira de moyen d'orientation dans toutes les situations ultérieures analogues. Prenons la vie psychologique dans sa forme la plus humble où le jeu des fonctions sensori-motrices se déroule sans choix conscient. Dans cet état inférieur toute perception est suivie immédiatement d'une réaction appropriée. Il y a là une association par ressemblance et une association par contiguïté presque confondues l'une avec l'autre : la perception actuelle est suivie d'une réaction précisément parce qu'elle est *semblable* à une perception antérieure, et les mouvements qui lui succèdent ne pourraient se dérouler s'ils n'étaient pas associés l'un avec l'autre par la *contiguïté*. Mais la vie de l'homme n'est pas purement sensori-motrice. Il y a, de plus, chez lui, de l'imagination, de la réflexion, « différents plans de conscience ». Ici, l'association provoque un choix arbitraire, non pas une démarche fatale. Chaque souvenir est lié, par contiguïté, à la totalité des événements qui le précèdent et qui le suivent. Plus on se rapproche de *l'action*, plus la contiguïté tend à participer de la ressemblance (1).

____

1. H. Bergson, *Matière et mémoire*, Paris, 1914, p. 178 et suiv.

CHAPITRE III

Théories à trois lois

C'est le grand penseur de l'antiquité Aristote qui a inauguré cette théorie. Bien que très succinct, son texte « De la réminiscence » suffit à montrer qu'il admet le contraste comme un principe associatif indépendant. Ainsi, dans la consécution générale des idées il distingue trois cas : 1° le conséquent est semblable à son antécédent ; 2° le conséquent et l'antécédent sont contraires l'un à l'autre ; 3° les deux termes sont associés par suite de leur coexistence ou de leur succession. De là, trois lois : la ressemblance, le contraste et la contiguïté (1).

Une originalité remarquable se fait jour avec la psychologie associative de D. Hume. Aux yeux du grand phénoméniste écossais l'association n'est pas une simple repro-

____

1. Aristote, *De la mémoire et de la réminiscence*, Paris, 1847 (trad. par J. Barthélemy Saint-Hilaire), p. 124-125.

duction successive des perceptions, mais une loi psychologique universelle semblable à la loi de gravitation dans le monde physique. Relativement à l'évocation mutuelle des idées, Hume admet trois principes : l'analogie, la coexistence dans l'espace ou dans le temps et le rapport de cause à effet. Il ramène le contraste à la ressemblance mais introduit ce facteur nouveau : la causalité. Cette idée de causalité sur laquelle s'érige tout l'édifice des raisonnements humains n'est pas une donnée des sens, bien plus, elle est au fond inconnaissable par l'entendement. Objectivement, elle se réduit à la succession uniforme des faits. D'ici jusqu'au scepticisme il n'y a qu'un pas. A la vérité, Hume déclare que la cause essentielle de l'association de nos idées est mystérieuse et incompréhensible ; elle se cache quelque part dans une propriété de la nature humaine que nous ne connaissons pas. Qu'une idée se trouve en connexion avec une autre idée c'est un fait d'expérience, mais que la nature intime de cette connexion défie toute notre connaissance c'est au moins pour Hume indiscutable (1).

---

1. « Les qualités — dit Hume — d'où résulte l'association, et par lesquelles l'esprit est conduit d'une idée à une autre, sont au nombre de trois : la *ressemblance*, la *contiguité* dans le temps et le lieu, enfin la *cause et l'effet*... Le contraste est aussi un lien entre les idées ; mais il peut, ce semble, être considéré comme un mélange de la *causation* et de la *ressemblance*... Les causes de l'*attraction* des idées sont en grande partie inconnues et doivent être ramenées à des qualités *originelles* de la nature humaine que je ne prétends pas expliquer ».

E. Claparède croit que la cause de l'association n'est pas dans les rapports objectifs des choses ni dans les rapports des idées comme telles, mais bien plutôt dans les processus physiologiques de la pensée. Lui aussi croit à la possibilité de réduire la ressemblance à la contiguïté à l'aide des éléments communs aux représentations semblables. Mais le psychologue de Genève fait une distinction entre la création, le mécanisme et l'évocation de l'association. A la création préside la *loi de simultanéité subjective* qui s'exprime ainsi : « Deux ou plusieurs faits de conscience ne peuvent s'associer mutuellement que s'ils ont coexisté ». Le mécanisme de l'association repose sur la *loi de contiguïté* qui peut se formuler ainsi : « Pour s'évoquer l'un l'autre, deux faits de conscience ou mieux deux processus nerveux doivent être, au moins en partie, contigus l'un à l'autre ». Enfin, l'évocation est gouvernée par la *loi de totalisation* d'après laquelle : « chaque état de conscience a une tendance à reproduire l'état total dont il a fait précédemment partie » (1).

Les pensées d'Aristote concernant l'association comptent parmi celles qui sont restées classiques et suivies fidèlement jusqu'à nos jours, surtout dans les écoles. Soit que les auteurs de manuels scolaires soient persuadés de leur justesse,

------

(D. Hume. *Traité de la nature humaine*, Paris, 1878, p. 21, 408, 24).

1. E. Claparède. *L'association des idées*, Paris, 1903. p. 42, 45, 397,

soit qu'ils les trouvent commodes pour épargner aux jeunes esprits les subtilités des essais de réduction à une seule loi, la théorie d'Aristote a encore ses partisans.

Ordinairement, la psychologie scolaire accorde une large part à la volonté personnelle dans l'association. La contiguïté ne s'explique pas exclusivement par l'habitude sans activité directrice de notre moi. L'habitude a associé — dit Boucher — au mot « droit » différentes acceptions, mais quel sens va être tiré à un moment donné, cela ne dépend pas de l'habitude, mais de notre choix. Parmi une foule d'associations possibles dues à l'habitude, nous choisissons celle qui s'harmonise le mieux avec nos pensées, nos sentiments, nos tendances. Ainsi les associations par contiguïté sont le miroir où se réflète le caractère, la mentalité, l'âme d'un homme. L'association par ressemblance est une opération composée de trois actes : dissociation, fusion et évocation. Voici un exemple : l'image présente A B C G H évoque par ressemblance l'image ancienne ABCEF. Qu'est-ce qui se passe alors dans notre esprit ? D'abord, on *dissocie* dans l'image présente les éléments communs A B C des éléments particuliers G H. Ensuite, les éléments communs de l'image présente A B C *se fondent* avec les éléments communs de l'image ancienne A B C. Et enfin, ces éléments communs de l'image ancienne A B C *évoquent* leur partie dissemblable E F. Quant à l'association par contraste, elle est caractéristique des esprits logiques habitués aux définitions précises et aux pensées rigoureuses. C'est pourquoi, il est recommandable de s'exercer dans cette sorte d'association (1).

1. J. Boucher, *Psychologie*, p. 374. Nous citons ici cet ouvrage parce qu'il est répandu dans l'enseignement. D'ailleurs M. L. Dugas voit aussi dans l'association une caractéristique de l'esprit. « L'association par contiguïté — dit-il — caractérise les esprits qui s'en tiennent à l'ordre temporel ou spatial des choses... L'association par ressemblance caractérise les esprits qu'occupe et préoccupe une idée maîtresse, qui ramènent tout à cette idée, la retrouvent partout, s'ingénient à saisir ou à faire naître rapprochements... L'association par contraste caractérise les esprits qui accueillent mal toute idée nouvelle... Elle est une forme de l'esprit de contradiction. » (L. Dugas, *L'anti-associationnisme*, Revue philosophique, 1916, t. I).

CHAPITRE IV

Théories à plusieurs lois

W. Wundt, après avoir introduit une faculté spéciale de notre esprit, appelée par lui et son école l'*aperception* (degré supérieur de l'intelligence, activité dirigeante de l'attention et de la pensée logique) distingue d'abord les *liaisons associatives* et les *liaisons aperceptives* suivant que l'aperception active participe à ces liaisons ou non. Les liaisons associatives se divisent en deux groupes : liaisons associatives *simultanées* et liaisons associatives *successives*. Le premier groupe se manifeste sous trois formes : *la fusion, l'assimilation* et la *complication*. La fusion est la synthèse des sensations en une perception, les sensations simples ne se présentant jamais isolément dans notre conscience : les harmoniques d'un ton, par exemple, s'unissent à la note fondamentale en lui prêtant une propriété spéciale, nommée la *couleur du son* ou le *timbre*. L'assimilation est une liaison entre une perception et une représentation ancienne, de sorte que toutes deux constituent une perception unique simultanée dans laquelle la représentation reproduite est, pour ainsi dire, incorporée dans la perception : au théâtre, par exemple, les coups de pinceaux grossiers, que le peintre a jetés sur la toile pour esquisser l'image d'un paysage, regardés de loin, à la lumière du lustre, produisent chez le spectateur l'effet d'un véritable paysage de la nature. La complication est la liaison d'une perception avec une ou plusieurs représentations disparates : à l'image d'un corps, par exemple, se lie la représentation de sa dureté.

Les liaisons associatives successives revêtent deux formes principales : l'association *externe* et l'association *interne*. La première repose sur l'*habitude*, la seconde sur la *parenté* des représentations. Dans l'association interne la liaison de deux représentations ne peut s'accomplir qu'à une condition : il faut qu'elles aient des éléments communs, quelque chose de pareil. Ce qui l'emporte dans l'association externe c'est l'exercice : les représentations les plus différentes peuvent se lier entre elles si, par l'exercice répété, elles ont été rapprochées l'une de l'autre.

Les lois des liaisons associatives successives sont au nombre de quatre : analogie, contraste, coexistence dans l'espace et succession dans le temps.

A la différence de toutes les liaisons énumérées jusqu'ici les liaisons aperceptives ont pour condition l'effort actif de l'attention et de la volonté. Le rapport entre ces deux sortes de liaisons est le même qu'entre un acte mécanique déterminé par un motif unique et un acte volontaire, choisi entre plusieurs motifs. D'un côté, nous avons un mécanisme qui fournit des matériaux bruts, de l'autre une activité dirigeante qui arrange ces matériaux ; devant l'esprit se présente une foule de liaisons associatives, mais elles ne sont pas toutes admises : l'aperception active intervient et choisit celles qui lui conviennent pour le but fixé, et de cette manière elle crée l'enchaînement rigoureux de la pensée logique — les liaisons aperceptives.

La première forme de cette liaison aperceptive est l'*agglutination*. Elle consiste en une combinaison de représentations dans laquelle notre conscience distingue encore nettement les éléments constituants, mais ces éléments forment une représentation unique : des représentations *clocher* et *église* résulte une seule représentation *clocher d'église*. La représentation, en contractant des relations plus ou moins multiples avec la pensée, s'élève au rang de *concept*. Dans le concept les éléments, c'est-à-dire les représentations individuelles déterminées sont fusionnées de façon qu'ils disparaissent en tant qu'unités constituantes. Il est employé dans la pensée logique (1).

----

1. W. Wundt, *Grundzüge der physiologischen Psychologie*, chap. XVII. Sous l'influence de Wundt on parle souvent des quatre lois d'association : ressemblance, contraste, coexistence et succession. Les deux dernières sortes d'association sont distinctes et irréductibles l'une à l'autre. La raison est — dit-on — physiologique : toute association s'expliquant par un processus physiologique il faut évidemment discerner le processus

A côté des lois de contiguïté, de ressemblance et de contraste dont nous avons traité plus haut, F. PAULHAN en admet deux autres : *la loi d'association systématique* et la *loi d'inhibition systématique*. Voici comment il définit la première : « Tout fait psychique tend à s'associer et à faire naître les faits psychiques qui peuvent s'harmoniser avec lui, qui peuvent concourir avec lui vers une fin commune ou des fins harmoniques, qui avec lui peuvent former un système ». La loi d'inhibition s'énonce comme suit : « Un fait psychique tend à empêcher de se produire, à empêcher de se développer ou à faire disparaître les éléments qui ne sont pas susceptibles de s'unir à lui pour une fin commune ». Comme on voit cette loi est la contre-partie de la première. Toutes les deux expriment deux mouvements essentiels de la pensée (1).

---

physiologique simultané (coexistence) du processus physiologique successif (succession).

1. F. Paulhan, *L'activité mentale et les éléments de l'esprit*, Paris, 1913, liv. II. — Autrefois, M. Paulhan professait la théorie purement physiologique de l'association et se rangeait parmi les associationnistes anglais tels que A. Bain et St. Mill. Son petit ouvrage « La physiologie de l'esprit » en est la preuve. Plus tard, il défend, dans l'ouvrage cité, la nouvelle théorie de l'association systématique et de l'inhibition systématique. Il dit textuellement : « La loi du contraste est une combinaison des deux premières (c'est-à-dire des lois d'association systématique et d'inhibition systématique), et les lois de ressemblance et de contiguïté ne sont que des formes particulières de l'association systématique » (p. 448). En prenant ce texte à la lettre, on peut soutenir que M. Paulhan laisse subsister

Dugald-Stewart doute franchement que le problème de l'association puisse trouver une solution satisfaisante. Les rapports entre les objets sont innombrables, et chacun d'eux peut devenir principe d'association. Parfois même s'associent deux choses qui n'ont aucun rapport entre elles. Une rencontre incidente, une occurrence fortuite peut fournir l'occasion d'une association ; et, partant, toute énumération des sortes d'association restera plus ou moins incomplète. C'est pourquoi Dugald-Stewart essaie, dans ses « Eléments de philosophie de l'esprit humain », d'aborder la question par un autre côté. Pour lui, il vaut mieux prendre en considération le rôle de notre volonté dans l'opération associative. Il y a des relations qui s'imposent à nous d'elles-mêmes et d'autres qui mettent en œuvre l'attention volontaire. Les unes portent sur la coïncidence contingente, les autres sur la logique des choses. De là deux catégories d'associations : *accidentelles* et *rationnelles*. Les premières sont celles du

---

plusieurs lois d'association puisqu'il n'en repousse expressément aucune. Mais nous accordons volontiers que sa théorie vise à subordonner toutes ces lois d'association à une association unique, appelée loi de *finalité* d'après laquelle les idées s'associent suivant une fin, un but fixé d'avance. A notre avis, cette loi de finalité ne peut point jouer le rôle d'une loi d'association. Il est vrai que tout homme, au moment où il réfléchit, se propose une fin à réaliser, un problème à résoudre. Mais cette fin et ce problème ne peuvent jamais avoir la vertu d'une loi : notre pensée échappe souvent à notre volonté et se dirige là où nous ne voulons pas. C'est ce que nous verrons lorsque nous discuterons le concept d'association.

signe à chose signifiée, de ressemblance, de contraste, de contiguïté soit de temps, soit de lieu. Les secondes sont celles de cause à effet, de moyen à fin, de principe à conséquence, de genre à espèce, de substance à mode, et inversement (1).

Le disciple de Dugald Stewart, THOMAS BROWN, substitue une nouvelle expression au mot « association » : il parle de la « suggestion », et en distingue deux sortes : la suggestion *simple* et *relative*. Tandis que la suggestion simple se rapporte à la *reproduction* des perceptions des objets ou de leurs parties, la suggestion relative concerne les perceptions des *relations* entre les choses, elle est donc le fondement de tout jugement et de tout raisonnement. A ces deux pouvoirs se ramènent toutes nos facultés intellectuelles. T. Brown, à l'exemple de son maître, trouve les lois d'association de Hume et des autres philosophes trop générales et trop vagues. Il faut les préciser à l'aide des lois secondaires, mais décisives pour la suggestion réciproque des idées et la solidité de leur liaison. Cette suggestion est conditionnée encore par ces règles : 1° le temps employé pour la formation de l'association ; 2° la vivacité des impressions ; 3° la fréquence de leur apparition dans l'esprit ; 4° l'âge (les idées et les liens, créés depuis longtemps, sont en butte à l'oubli et, par suite, leur susceptibilité d'être suggérés est grandement

---

1. Dugald Stewart, *Éléments de la philosophie de l'esprit humain*, Genève, 1808, p. 22 et suiv.

diminuée) ; 5° l'antagonisme entre les diverses idées s'entr'aidant ou se contrariant les unes les autres ; 6° le tempérament physique de la personne, etc. (1).

1. Louis Ferri, *La psychologie de l'association*, p. 82. — D. Roustan, *Psychologie*, p. 289. E. Boirac dit au sujet des lois secondaires d'association : « Toutes les causes qui influent sur la mémoire influent pareillement sur l'association des idées. De là, les lois secondaires de l'association : 1° plus la contiguïté a été *fréquente*, plus l'association est forte et durable..; 2° plus la contiguïté a été rendue *intime*, soit par *l'attention*, soit par *l'émotion*, soit même simplement par *la force originelle* des idées, plus l'association est étroite..; 3° quand deux ou plusieurs idées sont étroitement associées entre elles, elles tendent à se *fondre* ensemble, et celle qui a la plus grande force, *s'assimilant* toutes les autres, communique ses caractères propres au groupe entier ». (E. Boirac, *Psychologie*, Paris, 1916, p. 42).

DEUXIÈME PARTIE

La physiologie de l'association.

CHAPITRE V

La description du substratum anatomique de l'association.

Avant d'aborder l'explication psycho-physiologique du processus de l'association il est nécessaire de jeter un coup d'œil sur l'organe où il se déroule. Nous nous bornerons, naturellement, aux faits indispensables (1).

Le cerveau est un agrégat de cellules et de fibres.

La cellule nerveuse possède une ou plusieurs petites fi-

------

1. « La base de la psychologie — dit Richet — est la connaissance des lois qui régissent le système nerveux. De même que, dans l'histoire de l'électricité, on commence par étudier les conditions d'existence de la pile qui produit la force, de même, dans la psychologie, il faut d'abord étudier les conditions d'existence de l'appareil qui produit l'intelligence ». (Ch. Richet, *Essai de psychologie générale*, Paris, p. 55). M. le Dr P. Sollier dit également : « S'il est un chapitre de la psychologie où l'architecture du système nerveux central, et celle du cerveau en particulier, doive trouver sa place, c'est assurément celui de l'association. » (Paul Sollier, *Essai critique et théorique sur l'association en psychologie*, Paris, 1007, p. 51).

brilles, et parmi celles-ci s'allonge une fibre proprement dite, appelée cylindraxe, qui est couverte d'une enveloppe prévenant le mélange du courant nerveux des différentes fibres.

La question de savoir si ces ramifications des cellules sont en rapport de contiguïté ou de continuité n'est pas encore définitivement résolue. La théorie de GERLACH prétend que les prolongements cellulaires s'anastomosent les uns avec les autres et forment un réseau *continu*. GOLGI, au contraire, soutient que les ramifications protoplasmiques se touchent les unes les autres, mais ne s'anastomosent pas : leur rapport serait celui de *contiguïté* (1).

D'une portée plus grande est la distinction des cellules *sensitives*, *représentatives* et *motrices*. Car, d'après certains psychologues, les sensations et les représentations ainsi que les mouvements sont liés à des éléments séparés. Quelques faits pathologiques corroborent, paraît-il, cette supposition: le malade, par exemple, dont le *lobus occipitalis* est lésé dans certaines parties offre un cas intéressant de « cécité psychique » : il regarde l'objet qu'on lui montre, le poursuit des yeux, l'évite s'il est menaçant, mais ne le *reconnaît* pas. On en conclut que la cellule sensitive est sauve et sa sensation est là, mais la représentation manque parce que sa cellule est détruite (2).

---

1. E. Claparède, *L'association des idées*, Paris, 1903, p. 72.
2. Th. Ziehen, *Leitfaden der physiologischen Psychologie*, Iena, 1906, p. 176 — 190.

Toutes les cellules cérébrales sont attachées les unes aux autres par les fibres. Il y aurait trois sortes de fibres dans le cerveau : les fibres d'*association*, de *projection* et de *motion*. Les premières jouent un rôle spécial dans l'association. D'après MEYNERT qui établit, le premier, leur grande importance, ce sont les fibres d'association qui unissent toutes les parties de l'écorce cérébrale et qui expliquent la continuité des idées. Les fibres de projection unissent l'écorce du cerveau avec les organes des sens périphériques. Et celles de motion mettent en relation les cellules motrices avec les muscles par l'intermédiaire de la moelle épinière.

Quant à la surface totale du cerveau, elle est divisée en territoires particuliers. Ici aussi la connaissance s'est frayé la voie peu à peu (1).

---

1. Gall fonda imprudemment l'étude des fonctions intellectuelles sur la conformation du crâne. A. Comte accepta cette théorie et établit a priori dans l'appareil cérébral dix-huit éléments auxquels il faisait correspondre différentes fonctions mentales en laissant aux anatomistes la tâche de confirmer *a posteriori* ses hypothèses. Dans une intéressante étude sur A. Comte, M. le Dr Georges Dumas dit à ce sujet : « Pour obtenir la cohérence systématique, Comte, fidèle à sa conception de l'hypothèse n'a pas hésité à construire *a priori* une théorie cérébrale conforme aux exigences ou aux principes de sa sociologie, et il a schématisé à loisir, fait la géographie du cerveau qu'il ignorait, en dédaignant « les dissections arbitraires. » (Georges Dumas, *Psychologie de deux Messies positivistes Saint-Simon et Auguste Comte*, p. 242). C'est comme

La théorie de FLOURENS considère les fonctions psychiques comme conditionnées par la *totalité* de la masse nerveuse, à l'exclusion de toute distinction des sphères spéciales
pour les fonctions spéciales.

Selon MUNK, au contraire, la substance corticale du cerveau est divisée en *centres sensoriels*, et chacun d'eux possède deux sortes de cellules : les unes sont sièges des sensations, les autres sièges des représentations. En outre, ces
centres sont moteurs.

L'anatomiste P. FLECHSIG complète et rectifie les vues de
Munk. Outre les centres sensoriels, il y a, dans l'écorce,
d'autres régions dont la structure anatomique est différente.
Il les appelle les *centres associatifs*. Tandis que les centres
sensoriels n'ont que de *fibres de projection* qui les lient avec
la périphérie, les centres associatifs contiennent exclusivement des fibres d'association. Ces fibres ne sont donc pas
en communication directe avec les sens : elles ne font que
coordonner toutes les cellules de l'écorce cérébrale en un
ensemble bien ordonné.

Enfin, il faut ajouter les *centres moteurs*. L'observation
a déterminé, en effet, dans la surface corticale, l'existence
d'une zone qui régit tous les mouvements volontaires. C'est
la zone motrice. Une lésion de cette région entraîne la perte
de la possibilité des actions conscientes. Les fibres qui servent de connexion entre elles et les muscles périphériques

---

réaction à ces hypothèses phrénologistes arbitraires que Flourens fonda sa nouvelle théorie.

passent par la moelle épinière et forment la route connue sous le nom de « faisceaux pyramidaux » (1).

---

1. Ce n'est pas une classification des éléments nerveux que nous exposons ici. Nous désirons seulement déterminer le sens de certains mots employés parfois au cours de cette étude. On a souvent objecté que cette théorie des cellules et des fibres est insoutenable parce que leur nombre est limité tandis que le nombre des liaisons que les états de conscience peuvent contracter entre eux est sans limites. Cependant, il est inexact de dire que le nombre des liaisons des états conscients est infini. D'autre part, le nombre des cellules est plus grand qu'on ne croit. Enfin, il faut tenir compte des combinaisons multiples que peuvent fournir les cellules et les fibres même en nombre limité. Ribot remarque à ce sujet : « Les 600 millions (ou 1200 millions) de cellules et les 4 ou 5 milliards de fibres, même en déduisant celles qui sont au repos ou qui restent inoccupées toute la vie, offrent un assez beau contingent d'éléments actifs... On peut comparer la cellule modifiée à une lettre de l'alphabet; cette lettre, tout en restant la même, a concouru à former des millions de mots dans les langues vivantes et mortes. Par des groupements, les combinaisons les plus nombreuses et les plus complexes peuvent naître d'un petit nombre d'éléments. » (Th. Ribot, *Les maladies de la mémoire*, Paris, 1919, p. 17-28).

CHAPITRE VI

Le processus cérébral de l'association [*].

Qu'est-ce qui se passe dans notre cerveau en cas d'association ?

Prenons un simple exemple : nous percevons un objet et cet objet nous fait penser à un autre objet. Cela veut dire que la perception a provoqué une représentation (1). Il se peut que cette représentation en réveille une autre, et ainsi de suite. Voilà au juste ce qu'on appelle l'association. Nous avons donc ici un acte psychique qui opère avec deux éléments : une perception initiale, puis une ou plusieurs représentations appelées par elle. Nous allons examiner ces deux éléments en tant que phénomènes associatifs.

---

[*] Nous tenons à déclarer dès le début de ce chapitre que la théorie physiologique de l'association que nous exposons ici n'est pas un fait scientifique établi, mais une hypothèse, d'ailleurs très vraisemblable, qui attend sa confirmation.

1) Pour nous, « représentation » est synonyme d' « idée ».

I. *L'association dans la formation de la perception.*

La perception se produit, comme on dit habituellement, lorsqu'un objet ou un fait excite nos organes des sens. La physiologie nous enseigne que chacun de ces sens a sa zone spéciale dans l'écorce cérébrale : les zones visuelle, auditive, tactile, gustative, olfactive occupent, chacune pour sa part, une certaine position de l'écorce. De même que les cellules dans chaque zone, les zones entre elles sont en connexion par les fibres associatives. Le nombre des zones qui seront engagées par l'excitation d'un objet dépend de ses propriétés sensoriellement différentes. Pour nous un objet représente, avant tout, la synthèse de ses qualités partielles dont chacune excite, à sa manière, son organe respectif. Chaque excitation, après avoir été transmise au cerveau par la voie du nerf sensitif, y engendre, dans une cellule ou un groupe de cellules, une sensation correspondante, en sorte que toutes ces sensations partielles se traduisent — grâce aux fibres associatives — en un tout conscient, c'est-à-dire en perception totale de l'objet donné. Un citron, disons-nous, est jaune, rond, acide, odorant : voilà quatre qualités qui vont provoquer l'excitation de quatre organes différents — la vue, le tact, le goût, l'odorat, et, immédiatement après, de quatre cellules (ou quatre groupes de cellules) appartenant aux quatre régions cérébrales différentes — visuelle, tactile, gustative et olfactive. Ainsi, l'ensemble des qualités de l'objet citron se traduit dans la conscience én un ensemble de sensations produisant la perception du citron. La perception se forme donc par l'association des sensations (1).

Mais, ce n'est pas tout.

L'homme vient à nommer l'objet donné ; il prononce le mot « citron », cela veut dire qu'il met la bouche en mouvements ordonnés. La psychologie pathologique nous apprend que les mouvements de la langue, du larynx, des lèvres et du palais, nécessaires à la prononciation des mots, ont aussi leur zone dans la surface corticale. C'est le centre de Broca. Le malheureux dont le cerveau est atteint à cet endroit, perd la parole à jamais : il peut encore mouvoir sa bouche, sa langue, mais il est incapable d'exécuter cette combinaison de *mouvements coordonnés* qui produit les paroles. Le centre de Broca est lié par les fibres associatives aux autres centres du cerveau, et, par conséquent — en prenant notre exemple pour mieux fixer l'idée — la perception du citron signifie non seulement une certaine disposition des cellules dans les centres sensoriels, mais encore une certaine disposition des cellules dans le centre moteur de Broca. Dès lors, nous pouvons dire que les zones correspondant à la perception et à l'articulation, étant en connexion l'une avec l'autre, se mettent l'une l'autre en acti-

---

1. « Otez — disait déjà Berkeley — les sensations de mollesse, d'aquosité, de rougeur, d'acidité mêlée de douceur, et vous ôtez la cerise ». (Berkeley, *Dialogue de Phil. et d'Hylas,* 3ᵉ partie).

vité : le mot prononcé nous fait penser à son objet, et, inversement, la perception de cet objet tend à nous faire prononcer son nom. Et nous le prononçons, en effet, si les cellules motrices sont suffisamment excitées.

Mais il y a plus encore.

Jusqu'à présent, nous n'avons envisagé qu'une seule personne. Considérons maintenant le cas plus complexe d'un dialogue entre deux personnes. Nous pouvons non seulement prononcer des mots, mais aussi les *comprendre* quand un autre les prononce. Alors le sens auditif entre en jeu. La psychiatrie nous enseigne qu'il y a dans l'écorce cérébrale un endroit dont la destruction nous rend incapables de comprendre notre langue maternelle. C'est le centre de *Wernicke*. Celui qui est victime de cette destruction peut encore entendre les mots, peut même les prononcer, mais ne peut guère les comprendre : sa langue maternelle lui devient une langue étrangère, incompréhensible. Ce fait curieux nous autorise à soutenir que le centre de Wernicke est le siège de la compréhension des mots, et que ses fibres associatives le mettent en rapport avec les autres centres cérébraux. L'effet en est évident : qu'une personne prononce le mot citron nous l'entendrons tout de suite, et, en plus, le son entendu une fois compris, nous nous rappelons immédiatement la chose signifiée (1).

---

1. On peut dire, naturellement, que le mot évoque la chose par la contiguïté mais cela n'explique pas grand'chose. C'est d'ailleurs ce que faisait déjà Spinoza en citant cet exemple :

Nous pourrions faire encore un pas de plus. Chez l'homme lettré, on peut découvrir dans le cerveau le centre de *lecture* et celui d'*écriture*. La pathologie peut fournir l'exemple où une personne, autrefois instruite, a perdu la faculté de lire ou d'écrire.

Qu'est-ce qui résulte de ces considérations ?

Incontestablement, une conclusion très claire : la perception est déjà un acte d'association subordonné à la contiguïté physiologique de l'écorce cérébrale. Pourquoi donc la perception d'un objet évoque-t-elle en nous son nom, et, réciproquement, pourquoi la perception d'un nom, soit entendu, soit écrit, nous rappelle-t-elle son objet ? Parce que dans la formation d'une perception, comme nous venons de le voir, tous les éléments qui la constituent (sensitifs, moteurs, acoustiques) sont associés dans la conscience, et, grâce aux fibres nerveuses, forment un tout (1).

II. L'association des représentations.

Jusqu'à présent, nous avons considéré la perception iso-

« De la pensée du mot *pomus*, un Romain tombera immédiatement dans l'idée d'un fruit qui n'a aucune ressemblance avec ce son articulé, si ce n'est que le corps de cet homme a souvent été affecté par ces deux choses à la fois; c'est-à-dire que ce même homme a souvent entendu le mot *pomus* en même temps qu'il voyait le fruit. » (Spinoza, *Éthique, livre II, XVIII, scholie*).

1. *Th. Ziehen, Leitfaden der physiologischen psychologie*, Iena, 1906, p. 142.

lément, sans égard à ce qui peut lui succéder. Mais dans la vie mentale, il n'y a pas d'actes séparés. A la perception succèdent des représentations variées. Quelles seront les conditions physiologiques de cette succession ?

En percevant une chose par les organes des sens, nous pouvons nous trouver en présence de deux cas : ou la chose perçue est nouvelle pour nous, ou bien elle nous est déjà connue. Dans le premier cas, notre conscience va s'enrichir par une nouvelle perception, dans le second nous avons le phénomène psychologique qui s'appelle *recognition*.

1. *Recognition.*

La recognition est une association : là, c'est la perception qui s'associe, pour ainsi dire, à elle-même. Car, nous l'avons dit, les sensations apparaissent et disparaissent, mais en disparaissant elles laissent une trace dans la masse corticale. Cette trace, imprimée la première fois par la perception, y reste, après la disparition de sa cause, à l'état latent. Si, plus tard, elle sort de cet état latent par suite de n'importe quelle excitation, et réapparaît dans la conscience comme un état actuel, alors nous avons l'acte psychique nommé représentation. La représentation est donc la résurrection d'une perception antérieurement éprouvée. Si dans cette résurrection elle est provoquée par la perception en sorte qu'elle s'identifie avec celle-ci, nous parlons de recognition. Donc, dans cet acte, la perception ravive non pas une représentation quelconque ni même une représentation semblable, mais précisément la représentation identique. D'ordinaire, nous ne reconnaissons pas le monde externe, mais nous le percevons tout simplement. L'habitude émousse la vivacité de la perception et en fait un acte machinal. L'objet de la recognition peut être plus ou moins précisé par les autres souvenirs, mais un cachet d'instabilité s'y attache très souvent. Cet état mental trouve son expression dans le langage, par exemple, en ces termes : « Il me semble que j'ai déjà vu cette personne quelque part ». Mais justement cette impossibilité où nous sommes de préciser le lieu et le temps du souvenir nous enlève tout droit de parler de connaissance. La représentation induite s'identifie avec la perception inductrice, mais cette identification, réelle pour la conscience, peut être fausse dans la réalité. Il est possible que la recognition soit suggérée par une perception semblable, et alors l'identification n'est qu'apparente.

La physiologie nous rendra facilement compte de cette identification. Si quelqu'un pouvait encore douter de l'existence des dispositions latentes cérébrales qui persistent après l'extinction de l'excitation il suffirait de rappeler le fait même de la reconnaissance. Qu'une perception ait laissé un résidu après sa disparition nous en avons la preuve dans la possibilité de son renouvellement sous forme d'image-souvenir ; et si nous pouvons reconnaître un objet donné, ce n'est possible que parce que la substance corticale a été déjà antérieurement affectée par sa perception. Désignons par A un objet quelconque. Lorsque la première présentation de A se produit dans l'esprit, un groupe défini de cellules, par exemple l m n, subit une modification. Si A cesse d'agir, les cellules affectées conserveront leur modification ce qui veut dire que la perception de A s'est déposée en représentation latente et est devenue, par exemple, A¹. Il s'agit de savoir quand surgira cette représentation A¹ sur la scène de la conscience et, surtout, quand sa reproduction produira en nous le phénomène de recognition. Il est évident que ce sera au moment où le même objet A viendra se présenter la seconde fois devant le même esprit. Dans ce cas, alors que A vient une seconde fois comme perception, il trouve dans le cerveau l'état latent l m n, créé antérieurement par lui-même. La recognition suppose l'identification de la perception A avec sa représentation A¹. Pourquoi cette identification se fait-elle entre A et A¹ ? Parce que A¹, étant dérivé de A, est devenu *ipso facto* son associé naturel, autrement dit, parce que la seconde présentation de l'objet a ébranlé le même groupe cellulaire l m n que la première fois, et, par là, provoqué la représentation A¹, déposée antérieurement par A lui-même. Certes, outre le groupe l m n comme substratum physiologique de A¹, la nouvelle présentation de l'objet A, en réexcitant nos sens, rencontre, dans l'écorce cérébrale, encore d'autres dispositions cellulaires qui attendent une réexcitation suffisante ; mais pourtant toutes ses dispositions, autres que celle de l m n, restent négligées par A parce qu'elles ne lui sont pas favorables. Le courant nerveux tend toujours à parcourir le même chemin qu'il a déjà parcouru une ou plusieurs fois, et, par conséquent, la représentation A¹ sera beaucoup plus sensible à A qu'à une autre perception. Cependant — nous le répétons — dans la vie quotidienne où l'homme est engagé dans une lutte perpétuelle pour l'existence ou la réalisation de ses désirs, cette recognition, le plus souvent, n'a pas lieu. Au milieu des multiples exigences du moment l'homme perçoit les choses, sent, se meut, mais ne s'occupe pas d'analyser sa pensée. Sous l'influence de la répétition la recognition se soude avec la perception en un seul processus, en un sentiment de « familiarité ». Alors, la reconnaissance des choses se transforme en leur « connaissance ». C'est d'ailleurs ce qui nous importe essentiellement dans le *struggle for life*.

Beaucoup plus importants pour la psychologie sont les cas où la perception provoque une représentation par suite de sa *ressemblance* ou de sa *coexistence* antérieure avec elle. Dans tous les manuels scolaires de psychologie on parle couramment de ces deux lois d'association : une représentation est évoquée par une perception ou bien parce qu'elles se ressemblent, ou bien parce qu'antérieurement elles se sont présentées ensemble. Un coup d'œil sur le tableau « L'apothéose d'Homère » éveillera, par exemple, l'idée du tableau « Le Christ au prêche », et le crêpe noir nous fera penser au deuil. On ajoute encore deux lois : de *contraste* et de *succession*. Un nain — dit-on d'ordinaire — amène l'idée d'un géant, et le premier mot d'un texte, appris par cœur, entraîne aussitôt la suite des autres mots. Sans nous arrêter ici à la valeur intrinsèque de ces prétendues lois, nous posons d'abord la question générale : quel est le processus physiologique de toutes ces associations ?

2. *Contiguïté.*

Lamarck a su exprimer merveilleusement une vérité fondamentale par sa célèbre formule : « La fonction crée l'organe ». Un savant naturaliste n'hésitera pas un instant à déclarer que le tissu nerveux est sorti du tissu primitif commun au cours de la différenciation par la fonction ; et les fibres nerveuses ainsi que toute espèce de cellules se sont différenciées en un tissu anatomique particulier par la fonction spéciale que la vie et ses luttes leur ont imposée. En effet, ni l'origine ni l'évolution des êtres vivants ne pourraient être expliquées sans la grande loi biologique d'après laquelle l'accomplissement d'une fonction produit modification de la structure. La conscience comme phénomène vital ne peut naturellement pas échapper à cette loi. Nous devons penser qu'autrefois comme aujourd'hui une impression du monde extérieur, transformée en excitation dans le nerf respectif, dès la première fois se dirige à son centre par la voie de la moindre résistance. La deuxième fois cette fonction s'effectuera plus facilement, et, enfin, au cours du temps, par la répétition, le trajet parcouru deviendra si aplani et accommodé à l'excitation que la conduction nerveuse, par ce chemin battu, se déroulera désormais comme un mécanisme. Ce qui se passe entre le milieu et le centre nerveux, cela a lieu dans le centre lui-même. La cellule *a* dans l'écorce cérébrale a été très souvent excitée en même temps que la cellule *b*. Cela veut dire que la fibre qui les relie s'est habituée elle-même à conduire l'excitation de l'une à l'autre. Si l'une d'elles, après avoir été réveillée, fait naître dans la conscience une image, l'autre le fait aussi. En dernière analyse l'état de conscience *a* évoque l'état de conscience *b* parce que leurs éléments cérébraux, à force d'être excités simultanément, ont contracté une ferme alliance fonctionnelle. Il va sans dire que l'état *b* peut avoir la même relation avec un troisième état *c*, celui-ci avec un autre et ainsi de suite. Dans tous les cas le principe physiologique de leur association reste toujours le même : la fibre reliant *b* et *c* est très favorablement disposée à transporter l'excitation de *b* à *c*.

Cependant, il serait trop superficiel de considérer l'intérieur du cerveau comme un appareil immuable, monté définitivement par la répétition des fonctions nerveuses. La variabilité infinie des impressions extérieures entraîne celle des sensations. Dès lors, comment les associations, qui sont le reflet de ce monde fuyant, extérieur à nous, pourraient-elles demeurer immuables en nous ? Une association, formée aujourd'hui, peut se dissoudre demain et céder la place à une autre. C'est dans cette association et dissociation des représentations que consiste la vie de la conscience. La dissociation est plus ou moins active suivant la continuité ou la discontinuité des conditions dans lesquelles nous vivons. En tout cas, le principe physiologique de l'association, énoncé ci-dessus, ne change en rien pour cela : si a, autrefois toujours capable de provoquer son associé b, vient à perdre cette capacité et ne l'évoque plus, cela signifie que la liaison entre tous deux s'est affaiblie sous l'influence d'une autre liaison plus forte. La prédominance appartient toujours à celui qui jouit d'une plus grande énergie. La dernière raison de cette énergie se cache dans la multiplicité et la diversité des circonstances qui déterminent notre vie.

Les connexités d'existence dans les choses se résument sous le nom de *contiguïté*. Très propre pour désigner la situation des objets se trouvant ensemble l'un à côté de l'autre ou bien l'état des phénomènes se succédant l'un immédiatement après l'autre, ce terme réunit la loi de coexistence et celle de succession en une seule loi de contiguïté. Les exemples du voile noir et de la récitation par cœur, mentionnés plus haut, sont explicables tous les deux par lui. Dans le premier cas le deuil est contigu à son symbole, dans le second chaque mot précédent est contigu au mot suivant. Cette contiguïté des impressions n'est autre chose que leur association dans la nature, et l'association dans la nature se traduit dans la conscience en association des sensations c'est-à-dire en connexion des cellules par les fibres,

3. *Ressemblance.*

On peut se demander s'il est possible qu'une perception Y fasse naître la représentation X sans qu'elles se soient jamais présentées en contiguïté. Pour la première fois de ma vie, je viens dans une ville étrangère, et là, j'aperçois une statue Y qui me rappelle une autre statue X de mon pays. Comment une telle association est-elle possible alors que X et Y n'ont jamais été ensemble ni dans l'espace ni dans le temps ? N'est-ce pas en raison de leur ressemblance ?

Examinons ce cas.

La représentation X de la statue familière dort dans ma conscience à l'état latent. Lors de sa formation première il y a eu plusieurs sensations de ses divers éléments : la forme a, la position b, le symbole c, le piédestal d etc. L'ensemble $abcd$ est pour ma conscience une perception X comme une unité, créée par l'excitation des cellules $abcd$ dans l'écorce cérébrale. La nouvelle statue, la perception Y, possède des éléments semblables à X mais aussi d'autres qui l'en distinguent : avec la même sensation de forme a, de la position b, du symbole c, la nouvelle perception Y contient encore des éléments distincts, par exemple, la couleur m et la hauteur n qui excitent les nouvelles cellules m n. Le principal est ce qui est commun — les caractères abc. Il s'agit maintenant de savoir si c'est par ressemblance que Y évoque X.

La psychologie physiologique répond que non.

En effet, les caractères abc qui prédominent sur la différence mn nous mettent devant une situation particulière. Une analyse psychologique montrerait que la perception Y, en fin de compte, n'est pas un état nouveau pour nous. Le processus psycho-physiologique de Y s'est accompli déjà au temps où X s'est formé. La modification de mn n'est pas suffisamment intense pour changer le processus principal de abc. On pourrait presque dire que le phénomène Y représente, en général, la deuxième édition du phénomène X, et n'est qu'une répétition de ce qui s'est déjà passé auparavant. La nouvelle excitation des cellules abc de Y fait surgir la représentation X comme si l'excitation des cellules abc de la perception X elle-même était renouvelée. Il s'agit donc ici, comme l'on voit, du renouvellement d'un processus ancien. C'est pour cela qu'en un sens, apercevant la statue Y pour la première fois, je pourrais presque dire : « Je la connais » quoique jamais mes yeux ne l'aient vue. Si pourtant je ne confonds pas X avec Y et si je n'ose pas déclarer Y identique à X, cela tient à l'influence des autres perceptions et réprésentations qui occupent ma conscience au moment présent.

Ainsi, nous sommes amenés à accepter la thèse que les cellules abcd qui ont été excitées lorsque la perception X s'est formée la première fois, constituent la base physiologique non seulement pour la création et la réapparition de X, mais encore pour X^1, X^2, X^3, X^4... c'est-à-dire pour toutes les perceptions qui lui ressemblent. Certes, pendant que la perception X[1] se forme, il est impossible que d'autres cellules, par exemple m[1] n[1], n'interviennent pas : X[1] excite encore quelque élément que X n'avait pas excité, puisqu'il est quelque peu différent de celui-ci — c'est la différence m[1] n[1] qui, quoique intervenant ici comme un élément nouveau, reste toujours trop faible pour pouvoir annihiler la similarité dominante entre les processus X et X[1]. De la même manière se comporte X[2]. En quelque sorte, il a acquis une existence virtuelle déjà avec X avant même qu'il se soit présenté effectivement. Bien que, spatialement, les objets peuvent être éloignés l'un de l'autre, leurs représentations peuvent se trouver, néanmoins, en rapport de contiguïté dans la conscience. Dans l'exemple précédent, les deux statues sont éloignées dans l'espace mais, psychologiquement, elles sont contiguës l'une à l'autre, puisque leur origine et leur reproduction sont simultanées. Par là, l'expression *contiguïté*, si usuelle et courante dans le langage psychologique, doit nécessairement élargir son extension : elle désigne non seulement la coexistence spatiale et la succession temporelle, mais encore la simultanéité des processus mentaux (1).

---

1. M. E. Goblot, dans son étude *Théorie physiologique de l'association des idées*, remarque avec raison : « Pour tout ce qu'il y a de mécanisme dans les opérations de la pensée, il n'y a aucune raison sérieuse de rejeter la théorie physiologique qui, depuis les Cartésiens, se précise, se complète et s'améliore, et qui a acquis, surtout à la suite des travaux récents, une très grande valeur scientifique ». Et après avoir

4. *Contraste.*

En conséquence de ces raisonnements il est évident que la soi-disante loi de contraste ne peut nullement subsister comme une loi explicative indépendante. Elle ne représente qu'un cas particulier de similitude. Comme les anciens philosophss l'ont déjà justement remarqué, les contrastes ne sont possibles qu'entre les choses semblables en quelque point. La plupart du temps, en outre, ils se présentent ensemble dans le langage et dans la conscience. Quand nous avons exposé les diverses théories de l'association nous avons vu qu'en tout cas le contraste se ramène facilement à la contiguïté.

---

réduit la ressemblance à la contiguïté à l'aide d'éléments communs, il dit : « Nous sommes en droit de conclure, je pense, que la réduction des associations par ressemblance aux associations par contiguïté est légitime, et par suite qu'il y a lieu de conserver la théorie physiologique de l'association ». (*Revue philosophique*, 1898, t. II, p. 498-502).

TROISIÈME PARTIE

L'association des idées n'obéit pas à des lois.

CHAPITRE VII

Les lois psychologiques en général[*].

La science psychologique se consacre à l'étude de choses
qui échappent aux sens et à la mesure. Cette nature spéciale de son objet rend particulièrement difficile l'investi-
gation scientifique de son domaine. Si la science est —
comme on dit — la traduction de la nature dans

---

[*] Avant de passer à la critique des diverses théories de l'association, nous voulons, dans ce chapitre, dire quelques mots
aux « positivistes » qui nient la possibilité des lois psychologiques au nom de la « science pure » ainsi qu'aux métaphy-
siciens qui nient ces lois au nom du « libre arbitre ». Pour les
premiers, il n'y a de véritables lois qu'en physique; pour les se-
conds, la liberté du moi est incompatible avec la rigueur des
lois. Les uns se trompent aussi bien que les autres comme on
le verra par ce qui va suivre. Pour nous, il faut distinguer
ici deux questions : 1° les lois de psychologie; 2° les lois d'association. On ne peut pas confondre les unes avec les autres.
Comme nous le montrerons, les premières existent, les secondes
n'existent pas. Et si nos recherches nous ont amenés à conclure
que les lois d'association sont impossibles, il n'en résulte pas
que les lois psychologiques, en général, soient impossibles.

cette traduction, à côté des mots clairs et simples, il y a des passages hiéroglyphiques devant lesquels les meilleurs experts restent parfois, au moins provisoirement, impuissants et muets. La science de ce qu'on désignait autrefois sous le nom mystérieux d'âme, mais qu'on appelle aujourd'hui, tout simplement, la conscience, ne manque pas de ces énigmes ; et même, comme elle a conquis son indépendance tout récemment, alors que les autres sciences avaient déjà des systèmes achevés, et comme les faits sur lesquels elle opère sont très complexes et très personnels, les problèmes à résoudre y sont plus nombreux qu'ailleurs. Le caractère d'individualité dont la psychologie est revêtue a paru, aux yeux de certains, un obstacle infranchissable qui compromet toutes les lois psychologiques. Les lois physiques — disent-ils — expriment une précision absolue et une nécessité implacable, car elles déterminent des rapports impersonnels et constants. Or, de tels rapports sont, par définition, impossibles dans le monde mental : celui-ci est toujours affecté du coefficient du moi, toujours imprégné d'une marque de variabilité incessante et de subjectivité infinie. Le principe d'inertie qui régit toute la physique n'intervient jamais dans la psychologie. La conscience est dans un changement perpétuel, un mouvement continuel, où la volonté capricieuse et le hasard prennent la plus large part. Ainsi, d'un côté, nous avons la constance, l'infaillibilité, la prévision mathématique, de l'autre le règne de la contingence, de l'éventualité, de la personnalité.

La psychologie appartient à la seconde catégorie : ne pouvant jamais atteindre à l'exactitude et à la perfection des sciences physico-chimiques, elle restera toujours une demi-science et ses lois seulement des demi-lois. En compensation de ce défaut inévitable on lui offre une concession et une consolation, à savoir l'assurance d'être la « science humaine » par excellence.

Voyons cette assertion d'un peu plus près.

D'abord, on peut se demander s'il est vrai que la valeur des sciences autres que la psychologie est absolue. Un savant contemporain renommé, dont l'autorité en ce qui concerne les sciences naturelles est incontestable, a mis en tête d'un de ses ouvrages ces paroles significatives : *Memento quia pulvis est.* Cet avertissement n'est jamais mieux en situation qu'au moment d'aborder la grave question des lois qui commandent l'univers. Lorsque l'orgueil humain se dirige vers les sphères célestes pour chercher les dernières lois de l'existence et de la vie universelle, alors il est bon, en effet, de se rappeler que l'homme est poussière. Non seulement la psychologie, mais aucune autre science ne peut prétendre à la rigueur absolue de ses lois. Là-dessus sont d'accord les savants les plus compétents, et nous ne craignons point de faire des digressions ou de commettre une faute en voulant repousser, ici, le reproche de relativité antiscientifique qu'on adresse à la « science du moi ». L'illustre mathématicien français, H. Poincaré, dans son remarquable ouvrage « La valeur de la science », récemment paru, condamne l'abus du langage scientifique : « J'entends bien, dit-il, que les prévisions de la science sont souvent démenties par l'évènement ; cela prouve que la science est imparfaite, et si j'ajoute qu'elle le restera toujours, je suis certain que c'est là une prévision qui, elle du moins, ne sera jamais démentie... Il nous est impossible de démontrer que les lois scientifiques ne sont pas contingentes » (1). Et cet aveu provient d'un génie des mathématiques, c'est-à-dire des sciences qui se sont élevées au plus haut degré de la perfection !

L'expérience reste la principale source de toute la connaissance. Le savoir vulgaire aussi bien que le savoir systématisé de la philosophie ont leur origine, en dernière ligne, dans les sensations. Les sciences et leur expression la plus haute — les lois — sont dans l'impossibilité de s'émanciper complètement de leur origine primitive. L'éminent biologiste et philosophe français, F. Le Dantec, dans son livre « Les lois naturelles », résume cette idée dans les termes suivants : « Les lois naturelles sont des formules essentiellement *humaines*, dans lesquelles on a condensé le plus possible de l'expérience humaine... Il ne saurait plus être question aujourd'hui de science absolue... Notre connaissance du monde changerait également, soit que le monde changeât, soit que nous fussions nous-même modifiés » (2).

------

1. H. Poincaré, *La valeur de la science*, Paris, 1912, p. 219 et D.
2. F. Le Dantec, *Les lois naturelles*, Paris, p. 116 et S.

Ce ne sont que les dogmatistes naïfs qui peuvent croire que les sciences exactes, contrairement aux sciences philosophiques, pénètrent toujours jusqu'à l'essence des choses et ne se trompent pas. L'homme, étant un produit du milieu ambiant et de l'hérédité, porte en lui-même une marque de relativité qu'il transmet ensuite à tous les produits de son esprit. La science, elle aussi, est sa création, et, comme telle, elle ne nous donne que la connaissance des relations entre les choses, non pas la vraie connaissance des choses elles-mêmes ; ses lois ne font qu'organiser la matière à laquelle elles se rapportent, elles n'expliquent pas cette matière même.

En nous plaçant à ce point de vue humain, nous ne saurions guère être injustes envers la psychologie ni la séparer des autres sciences en niant l'existence même de ses lois. Rien de plus contestable. La constatation que la psychologie s'occupe des phénomènes intimes qui se passent dans la personne et l'individu en général, ne constitue aucune preuve contre son caractère scientifique. Autrement, il faudrait avec la même raison enlever ce caractère à toutes les sciences qui traitent de l'homme et de ses multiples manifestations, à la physiologie aussi. C'est une erreur impardonnable de croire que notre « moi » gouverne en nous arbitrairement, à sa volonté et à son humeur momentanée. Il est plus faux encore d'en conclure qu'il n'y ait pas et ne puisse y avoir des règles et des lois auxquelles il serait soumis. La volonté arbitraire, elle n'existe pas en nous. L'in-

telligence, elle ne procède pas comme elle veut. Les sentiments qui nous poussent à agir d'une façon ou d'une autre
ne sont que la conséquence naturelle de l'héritage, reçu
par la naissance, et de l'éducation individuelle, acquise par
la vie. En un mot, tout ce qui se passe dans notre âme,
c'est-à-dire dans notre cerveau, est déterminé par des conditions particulières.

Du reste, l'histoire de la psychologie donne un démenti
aux incrédules. Il ne nous appartient pas de faire ici un
exposé des lois psychiques, mais il convient d'invoquer l'apparition de la psycho-physique comme une preuve en faveur de notre thèse. Depuis 1860, date où FECHNER par ses
« Elémente der Psychophysik » jeta les premiers fonde-
ments de cette nouvelle science, on a discuté beaucoup et on
discute encore ses formules mathématiques. Le psychologue
de Leipzig a eu tort de sonner les grandes cloches pour son
logarithme en le présentant comme solution d'une énigme
colossale, capable d'expliquer le rapport entre l'esprit et la
matière. Mais lorsqu'on aura dépouillé la psycho-physique
de ses embellissements mathématiques, il reste cette vérité
solide et irréfutable : la sensation dépend de son excitation
de sorte que le surcroît d'excitation, nécessaire pour produire le surcroît de sensation, se trouve en rapport constant
avec l'excitation primitive. On se plaît mieux quelquefois
à employer le langage mathématique et à dire : les excitations croissent en progression géométrique et les sensations
en progression arithmétique, ou bien, avec Fechner, avec

plus de sonorité encore : l'intensité de la sensation est proportionnelle au logarithme de l'excitation. Il faut éviter ce langage. Avec une pareille façon de parler, la psychologie ne gagne rien, mais suggère des méfiances, capables de susciter des discussions inutiles. Dans une étude sur la psycho-physique l'excellent mathématicien français, Jules TANNERY, en s'élevant contre la formule logarithmique de Fechner, remarque fort judicieusement : « Un certain nombre d'expériences montrent qu'en définissant convenablement l'excitation on n'apprécie de différence entre deux sensations consécutives que si l'excitation varie au moins d'une quantité dont le rapport avec l'excitation primitive est déterminé. S'il s'agit, par exemple, de la sensation que produit la pression d'un poids sur la peau, une augmentation ou une diminution de pression ne sera sentie que si le poids ajouté ou retranché est dans le rapport de 1/3 au poids primitif. Il y a là un fait dont je ne méconnais pas l'importance. Si l'on avait formulé la loi dans ces termes, il y aurait eu peu à dire » (1).

Cette observation suffit pour nous indiquer comment il faudrait comprendre le sens des lois psychologiques en général. Ces lois sont, comme celles des sciences naturelles, des lois relatives. Cela ne diminue nullement la valeur de la science psychologique. La connaissance des choses, quelle que soit la science qui les étudie, n'est ni parfaite ni abso-

---

1. Jules Tannery, *Science et philosophie*, Paris, 1912, p. 181.

lue, mais, pourtant, elle est extrêmement utile pour l'homme, puisque, étant à sa taille, elle satisfait parfaitement ses besoins. Les phénomènes de conscience, comme tous les autres phénomènes, ont leurs causes et leurs lois, car rien ne peut se faire *ex nihilo*, sans raison. Seulement, l'objet de la psychologie étant plus complexe et moins « expérimental », les lois qu'elle formule sont moins nombreuses et plus conditionnelles. En d'autres termes, la psychologie en tant que science a des lois dont la valeur, théoriquement parlant, est la même que celle des lois de n'importe quelle autre science ; mais comme l'homme a plus d'ignorance en psychologie qu'en physique à cause de la différence de complexité de leurs objets respectifs, il est condamné à se tromper plus souvent en psychologie qu'en physique.

CHAPITRE VIII

Critique de la contiguïté.

Dans la première partie de notre étude, nous avons exposé un tableau des diverses théories d'associations. Entre les psychologues qui croient pouvoir ramener toute la variété des associations à une formule unique, et ceux de l'école écossaise désespérant de trouver une solution satisfaisante du problème, se placent les auteurs des multiples doctrines dont les controverses obscurcissent grandement la question.

La deuxième partie nous offre une théorie physiologique pouvant servir à nous orienter au milieu de ces controverses. Nous avons fait ressortir, sur la base des données de la physiologie, la possibilité d'interpréter la loi d'analogie comme une forme de la contiguïté. Quant au contraste, il se ramène de lui-même à l'analogie. Mais jusqu'à présent nos considérations ne nous ont donné aucun résultat définitif. Il faut donc entreprendre un examen des théories

la *raison* pour que la solution tant cherchée du problème
de la possibilité de la Métaphysique en surgisse comme
d'elle-même.

keine Weise erkannt werden kann. Der Begriff eines *Noumenon*, d. i.
eines Dinges, welches gar nicht als Gegenstand der Sinne, sondern
als ein Ding an sich selbst (lediglich durch einen reinen Verstand)
gedacht werden soll, ist gar nicht widersprechend; denn man kann
von der Sinnlichkeit doch nicht behaupten, dass sie die einzige
mögliche Art der Anschauung sei. Ferner ist dieser Begriff notwendig, um die sinnliche Anschauung nicht bis über die Dinge an sich
selbst auszudehnen, und also, um die objective Gültigkeit der sinnlichen Erkenntnisse einzuschränken (denn die übrigen, worauf jene
nicht reicht, heissen eben darum Noumena, damit man dadurch
anzeige, jene Erkenntnisse können ihr Gebiet nicht über alles, was
der Verstand denkt, erstrecken). Am Ende aber ist doch die Möglichkeit solcher Noumenorum gar nicht einzusehen, und der Umfang
ausser der Sphäre der Erscheinungen ist (für uns) leer, d. i. wir
haben einen Verstand, der sich *problematisch* weiter erstreckt, als
jene, aber keine Anschauung, ja auch nicht einmal den Begriff von
einer möglichen Anschauung, wodurch uns ausser dem Felde der
Sinnlichkeit Gegenstände gegeben, und der Verstand über dieselbe
hinaus *assertorisch* gebraucht werden könne. Der Begriff eines Noumenon ist also bloss ein *Grenzbegriff*, um die Anmassung der
Sinnlichkeit einzuschränken, und also nur von negativem Gebrauche.
Er ist aber gleichwohl nicht willkürlich erdichtet, sondern hängt
mit der Einschränkung der Sinnlichkeit zusammen, ohne doch etwas
Positives ausser dem Umfange derselben setzen zu können. (*Unterscheidung aller Gegenstände in Phænomena und Noumena*, p. 211-212).

Alle unsere Vorstellungen werden in der Tat durch den Verstand
auf irgend ein Object bezogen, und da Erscheinungen nichts als
Vorstellungen sind, so bezieht sie der Verstand auf ein Etwas, als
den Gegenstand der sinnlichen Anschauung: aber dieses Etwas ist
in so fern nur das transcendentale Object. Dieses bedeutet aber ein
Etwas $= x$, wovon wir gar nichts wissen, noch überhaupt (nach der
jetzigen Einrichtung unseres Verstandes) wissen können, sondern
welches nur als ein Correlatum der Einheit der Apperception zur
Einheit des Mannigfaltigen in der sinnlichen Anschauung dienen
kann, vermittelst deren der Verstand dasselbe in den Begriff eines
Gegenstandes vereinigt. Dieses transcendentale Object lässt sich gar

Qu'est-ce que la raison pure? On est très embarrassé, dit Kant, de définir cette faculté suprême qui est la raison pure. Néanmoins, en nous rapportant à ce que nous avons déjà dit de l'*entendement*, nous pouvons dire que, tandis que l'*entendement est la faculté des règles, la raison est la faculté des principes*[1]. C'est-à-dire que tandis que l'entendement est la faculté des règles qui ramènent les phénomènes des sens à l'unité, la raison est la faculté des principes qui ramènent les règles de l'entendement à

nicht von den sinnlichen datis absondern, weil alsdann nichts übrig bleibt, wodurch es gedacht würde. Es ist also kein Gegenstand der Erkenntnis an sich selbst, sondern nur die Vorstellung der Erscheinungen, unter dem Begriffe eines Gegenstandes überhaupt, der durch das Mannigfaltige derselben bestimmbar ist.

Eben um deswillen stellen nun auch die Kategorien kein besonderes, dem Verstande allein gegebenes Object vor, sondern dienen nur dazu, das transcendentale Object (den Begriff von etwas überhaupt) durch das, was in der Sinnlichkeit gegeben wird, zu bestimmen, um dadurch Erscheinungen unter Begriffen von Gegenständen empirisch zu erkennen. (*Von dem Grunde der Unterscheidung in Phæn. u. Noum.*, I. Aufl., vql. IV, p. 163-164.) — Das Object, worauf ich die Erscheinung überhaupt beziehe, ist der transcendentale Gegenstand, d. i. der gänzlich unbestimmte Gedanke von Etwas überhaupt. Dieser kann nicht das *Noumenon* (au sens positif) heissen. (*Ibid.*, p. 165.)

Wenn wir also die Kategorien auf Gegenstände, die nicht als Erscheinungen betrachtet werden, anwenden wollten, so müssten wir eine andere Anschauung als die sinnliche zum Grunde legen, und alsdann wäre der Gegenstand ein Noumenon in *positiver Bedeutung*. Da nun eine solche, nämlich die intellectuele Anschauung, schlechterdings ausser unserem Erkenntnisvermögen liegt, so kann auch der Gebrauch der Kategorien keinesweges über die Grenze der Gegenstände der Erfahrung hinausreichen... Was also von uns Noumenon genannt wird, muss als ein solches nur in *negativer* Bedeutung verstanden werden.» (*Unterscheidung in Phæn. u. Noum.*, II. Aufl., vol. III, p. 210.)

1. *Ibid.*, p. 238.

l'unité[1]. — Mais qu'est-ce que cela veut dire? Cela veut dire que *la raison ne se rapporte pas immédiatement à l'expérience, mais aux connaissances fournies déjà par l'entendement.* En d'autres termes, la raison consiste dans la faculté dont la fonction est ce qu'on appelle *raisonnement* ou *inférence médiate.* C'est-à-dire que *les concepts de la raison ne sauraient être que des concepts qui dépassent totalement les limites de l'expérience,* car ils ne sont pas même des catégories.

Mais alors, sont-ils de *pures chimères? Non,* et c'est justement pour montrer qu'ils ne sont pas de pures chimères ou, plus précisément, pour montrer ce qu'ils sont, que nous avons entrepris cette difficile étude qu'est la *Critique de la raison pure.*

C'est le mot de Platon — *idée* — qui convient aux concepts purs de la raison. Platon se servait de telle sorte de l'expression *idée* qu'on voit bien qu'il entendait par là quelque chose qui non seulement n'est jamais emprunté aux sens, mais qui dépasse même les concepts de l'entendement, dont s'est occupé Aristote, puisqu'on ne saurait jamais rencontrer quelque chose dans l'expérience qui lui corresponde. Les *idées* sont chez lui les types des choses et non pas de simples clefs pour des expériences possibles comme les catégories. Dans son opinion, elles dérivent de la raison suprême, d'où elles ont passé dans la raison humaine, mais celle-ci ne se trouve plus dans son état primitif, et ce n'est qu'avec peine qu'elle peut rappeler aujourd'hui, bien obscurcies, les anciennes idées, à savoir par la réminiscence qui s'appelle Philosophie. Platon remarqua donc bien que notre faculté de connaître

1. P. 239.

sent un besoin beaucoup plus élevé que celui d'épeler des phénomènes, suivant l'unité synthétique, pour pouvoir les lire comme expérience, et que notre raison s'élève naturellement à des connaissances trop hautes pour qu'un objet, donné par l'expérience, puisse jamais leur correspondre, mais qui n'en ont pas moins leur réalité et ne sont pas de pures chimères. Platon trouva ses idées surtout dans tout ce qui est pratique, c'est-à-dire dans ce qui repose sur la liberté, laquelle, de son côté, est soumise à des connaissances qui sont un produit propre de la raison. (A vrai dire, Platon étendait son concept même aux connaissances spéculatives, car il le regardait comme le résultat d'une *intuition intellectuelle* et non pas simplement comme le résultat de la réflexion; mais c'est là la partie exagérée de sa doctrine dans laquelle nous ne saurions le suivre[1]). — Ainsi, la vertu est une véritable idée, qui appartient à la raison humaine en général et non pas seulement à tel ou tel individu, car chacun s'aperçoit que si on lui présente un certain homme comme type de la vertu, il trouve dans son propre esprit le véritable original. Si, en ce qui concerne la nature, c'est l'expérience qui nous donne des règles et qui est la source de la vérité, en ce qui concerne les lois morales, c'est l'expérience, hélas ! qui est la mère de l'apparence[2].

Ainsi, les concepts purs de la raison dépassent de beaucoup les limites de l'expérience, et il convient de les appeler *idées* pour les distinguer des catégories et en même temps faire voir qu'ils ne sont pas de pures chi-

---

1. *Ibid.*, *Von den Ideen überhaupt*, p. 246 Note, p. 248. Cf. aussi *Reflexionen* (Ed. B. Erdmann), vol. II, p. 172.

2. *Von den Ideen überhaupt*, p. 249.

mères. Tel est donc le véritable sens des concepts purs
de la raison : ils sont des *idées*. Et je supplie ceux qui ont
la philosophie à cœur, s'ils se trouvent convaincus par ce
que je viens de dire et par ce qui suit, je les supplie de
prendre sous leur protection le mot d'*idée* ramené à son
sens primitif, afin qu'on ne le confonde plus avec les
autres mots qui ont trait aussi aux différentes espèces de
la *représentation* en général. Car nous ne manquons
nullement d'expressions pour désigner d'une manière
précise chaque sorte de représentation. Ainsi, le terme
générique et général est la *représentation*. La représentation comprend, en ordre hiérarchique : la *perception* ou
la simple représentation avec conscience; la *sensation* ou
la perception rapportée uniquement au sujet, comme une
modification de son état; la *connaissance* ou la perception
objective; l'*intuition* ou la connaissance immédiate; le
concept ou la connaissance médiate; le *concept proprement dit* ou le *concept empirique*; la *notion*, la *catégorie* ou le *concept pur* de l'entendement; l'*idée* ou
la conclusion des rapports entre deux ou plusieurs
concepts. Celui qui sera bien pénétré de la véritable
signification de ces termes, ne dira plus que la représentation de la couleur rouge, par exemple, est une *idée*; mais
il saura que cette espèce de représentation n'est pas même
une notion ou catégorie, bien moins donc l'*idée* qui
dépasse tout à fait les limites de tout ce qui est empirique[1].

Par conséquent, on peut dire que les concepts purs de
la raison sont le dernier terme de la pensée ou les concepts
des inconditionnés qui servent de principes aux synthèses

1. P. 249-250.

des conditionnés. Et ceci nous conduit à leur classification même : 1° l'unité absolue (inconditionnée) du sujet pensant qui fait l'étude de la doctrine transcendantale de l'âme (*psychologia rationalis*); 2° l'unité absolue de la série des conditions des phénomènes qui constitue la science transcendantale du monde (*cosmologia rationalis*); 3° l'unité absolue de la condition de tous les objets de la pensée en général, qui nous conduit à la l'étude transcendantale de l'existence de Dieu (*theologia transcendantalis*)[1]. De sorte qu'on peut dire que le rôle des concepts purs de la raison (idées) n'est autre que de retenir l'entendement sur cette voie par laquelle il cherche à aller le plus loin possible, mais tout en restant d'accord avec lui-même[2]. Cependant, ce n'est pas encore tout. Ces concepts ne sont pas de simples chimères; ils ont un objet et ils s'imposent à nous suivant des lois. Dans quelle mesure expriment-ils leur objet? Voilà la dernière expression de notre question.

Or, il résulte bien clairement de ce qui précède que nous ne pouvons pas avoir une connaissance proprement dite, mais tout au plus un concept problématique de l'objet qui correspond à une idée[3].

1. *Syst. der Transc. Ideen*, p. 258.

2. Ce qui veut dire que les catégories sont des principes *constitutifs*, tandis que les idées sont des principes *régulateurs* de la science.

3. « Man kann sagen, der Gegenstand einer blossen transcendentalen Idee sei etwas, wovon man keinen Begriff hat, obgleich diese Idee ganz notwendig in der Vernunft nach ihren ursprünglichen Gesetzen erzeugt worden. Denn in der Tat ist auch von einem Gegenstande, der der Forderung der Vernunft adäquat sein soll, kein Verstandesbegriff möglich, d. i. ein solcher, welcher in einer möglichen Erfahrung gezeigt und anschaulich gemacht werden kann. Besser würde man sich doch und mit weniger Gefahr

Cependant, comme nous sommes conduits aux idées par des raisonnements, il nous arrive souvent d'être portés à dire encore que les idées sont des connaissances proprement dites des objets qui leur correspondent. De sorte qu'il s'agit encore pour nous de montrer la nature sophistique de cette seconde manière de raisonner : la *Dialectique*. Et c'est là justement le but dernier de notre tâche. Or, il y a trois classes de raisonnements dialectiques, c'est-à-dire autant qu'il y a d'idées. Dans le raisonnement de la *première classe* on prend le simple concept transcendantal de sujet de la pensée, pour un sujet réel. C'est le *paralogisme* transcendantal. Dans le raisonnement de la *seconde classe*, on confond le sensible avec l'intelligible et on se débat ainsi entre les aspects contradictoires du concept de l'unité synthétique absolue de la série des phénomènes. Ce sont les *antinomies* de la raison pure. Dans le raisonnement de la *troisième classe* on prend une des conditions possibles des choses en général pour l'ériger dogmatiquement en condition réelle et donc suprême, c'est-à-dire qu'on confond le simple possible avec le réel. Ce sont les sophismes de *l'idéal* de la raison pure[1].

Il s'agit donc maintenant pour nous de montrer la nature sophistique de tous ces raisonnements.

Considérons d'abord la *Psychologie rationnelle*. Les dogmatiques de la Psychologie rationnelle veulent démontrer que l'âme en tant qu'être pensant est une substance,

des Missverständnisses ausdrücken, wenn man sagte : dass wir vom Object, welches einer Idee correspondiert, keine Kenntnis, obzwar einen problematischen Begriff haben können » (*Von den dialektischen Schlüssen der reinen Vernunft*, p. 261).

1. *Ibid.*, p. 261-262.

et par suite, simple, identique, immatérielle, immortelle, car dire substance pensante c'est dire substance simple, identique, immatérielle, immortelle. Pour cela ils partent du *Cogito, ergo sum* de Descartes, et raisonnent de la manière suivante :

« Un être qui ne peut être conçu que comme sujet est substance. Un être pensant ne peut être conçu que comme sujet. Donc un être pensant (comme l'âme) est une substance. »

Or, ce raisonnement est un pur paralogisme. « Être pensant » ou « je pense » sont des expressions qui désignent des états d'âme et nullement l'âme elle-même; le *je pense* est le simple concept transcendantal, le véhicule ou l'acte même de tous les concepts de la pensée en général, et nullement l'être qui pense[1].

Voilà donc une question des plus intéressantes pour le genre humain, mais qui se résout en une vaine espérance, dès qu'on cherche à la résoudre par la spéculation, c'est-à-dire à la traduire en *connaissance*[2]. Mais par là même, l'espérance en une *vie future* se trouve absolument à l'abri de toute attaque. Car, d'une part, son adversaire est forcé de n'en rien affirmer dogmatiquement, et d'autre part, elle reste la fin même à laquelle conduit la vie pratique (la Morale)[3].

Il en est de même pour les questions métaphysiques qui concernent le monde proprement dit et constituent la *Cosmologie rationnelle*. En effet, se demander si le monde donné à notre connaissance a un commencement dans le temps, ou s'il est limité dans l'espace, etc., si sa

1. *Von den Paralogismen d. r. V.*, p. 263.
2. *Ibid.*, p. 275-276.
3. P. 276-277.

substance est simple ou composée, etc., — c'est chercher le tout dans la partie, et cela faute de ne pas savoir que le monde donné n'est que le monde tel qu'il nous apparaît sous les formes de notre sensibilité : la série des phénomènes conditionnés (donc une série incomplète) et nullement le monde dans son intégrité. Comment donc y chercher l'inconditionné, se demander si la série est finie ou infinie, si sa substance est simple ou composée, comment parler de substance dans un monde phénoménal ?

Poser, d'autre part, la question de l'accord ou du désaccord de la nécessité et de la liberté, ou la question de la cause première par rapport à ce monde donné, c'est méconnaître que la nécessité a trait uniquement au monde sensible, tandis que la liberté est la caractéristique même de l'intelligible, que, par conséquent, s'il ne peut être question de cause première dans le monde sensible, il en est tout autrement du monde intelligible.

Passons à la *Théologie transcendantale*.

Dans la *Théologie transcendantale*, nous n'avons plus affaire à une simple idée, mais à quelque chose de beaucoup plus éloigné du sensible : à un *idéal*. L'idéal est ce qui est supposé comme réalisant les idées[1]. A vrai dire, l'homme est porté tout naturellement, par la considération du possible supposant le réel, à admettre l'existence d'un *Dieu* créateur du monde. Mais, dès qu'il entreprend d'analyser cette question pour mieux *connaître* la relation de ses termes, il tombe dans des contradictions[2]. Il s'agit

---

1. *Von dem Ideal überhaupt*, p. 383 et suiv.

2. *Von den Beweisgründen der speculativen Vernunft auf das Dasein eines höchsten Wesens zu schliessen*, p. 392-396.

C'est la reproduction, sous une autre forme, de l'*Unique fondement possible d'une démonstration de l'existence de Dieu*.

donc de dénoncer ces contradictions. Elles sont au nombre de trois: 1° l'argument *physico-théologique*; 2° l'argument *cosmologique*; l'argument *ontologique*. Commençons par le dernier, car il est la base même des deux autres. Cet argument consiste dans l'analyse du concept de l'être dont on veut prouver l'existence. J'ai l'idée d'un être parfait (Dieu). Donc cet être existe nécessairement, car l'être parfait ne peut pas ne pas exister : l'existence doit nécessairement faire partie des attributs de ce qui est parfait. Ainsi, tout l'argument repose sur le fait de considérer l'*existence* comme un pur attribut ou comme un pur caractère logique. Or, il n'en est rien. Tous les caractères d'un concept sont, en effet, logiques, mais sauf justement celui d'*existence*. Et cela ne peut se voir clairement que par la distinction précisément que la *Critique* a établie entre les *jugements analytiques* d'une part et les *jugements synthétiques* d'autre part. Ainsi, vous dites : *Cette chose* (possible) *est*. Mais je vous demande : cette proposition est-elle analytique ou synthétique? Si vous dites qu'elle est analytique, alors vous avez déjà posé et admis comme *réelle* la chose, par le fait même de l'avoir conçue; de sorte que dans ce cas il n'est plus besoin du mot *est*, partant d'aucune preuve. Avouez-vous, au contraire, qu'elle est synthétique, comme toute proposition existentielle, alors vous ne pouvez plus prétendre que son prédicat est un caractère logique qui, comme tel, ne saurait être enlevé sans contredire l'essence du concept du sujet[1].

Par conséquent, l'*existence* n'est pas un simple possible, c'est-à-dire un caractère simplement logique, mais la position réelle d'une chose. Il y a plus dans ma fortune si

1. *Von der Unmöglichkeit eines ontologischen Beweises*, p. 400.

je possède cent écus que si je ne les ai qu'en idée[1]. Mais s'il en est ainsi, il s'ensuit que l'argument ontologique, qui consiste à fonder le réel sur le possible, est un pur sophisme.

Il en est de même de la *preuve cosmologique*, car toute la force de cette preuve n'est, en dernière analyse, que celle-là même de l'argument ontologique[2]. Cette preuve, que Leibniz appelait *a contingentia mundi*, est ainsi conçue : si quelque chose existe, un être absolument nécessaire doit aussi exister. Or, il existe quelque chose, ne serait-ce que moi-même ; donc il existe un être absolument nécessaire[3]. C'est-à-dire que la preuve cosmologique s'appuie sur le principe suivant : on peut conclure du contingent à une cause. Et, certes, c'est là un principe absolument légitime. Mais à quelle condition? Qu'il s'applique strictement au monde sensible. Or, lorsqu'on parle de la cause du monde, ce n'est nullement d'une cause de la série du monde sensible qu'il est question. La preuve cosmologique ne peut échapper à cette objection qu'en se réfugiant dans l'analyse même du concept de l'être nécessaire, c'est-à-dire qu'en s'appuyant sur l'argument ontologique. Mais nous savons déjà ce que vaut cet argument.

Par conséquent, ni le concept de chose en général, ni l'expérience d'une existence en général ne peuvent résoudre le problème de la Théologie rationnelle. Voyons maintenant ce que vaut la preuve *physico-théologique* ou de l'*expérience déterminée*.

D'abord, cet argument, qui part de l'ordre merveilleux et de la finalité qu'on observe dans le monde donné,

1. P. 401.
2. *Von der Unmögl. eines kosm. Bew.*, p. 406, 407.
3. P. 401.

mérite d'être rappelé avec respect. C'est le plus ancien, le plus clair et le plus conforme à la raison humaine[1]. Ses principaux points peuvent se résumer ainsi : 1° il y a partout dans le monde des signes manifestes d'un ordre exécuté avec la plus grande sagesse, suivant un dessein déterminé, formant un tout d'une variété admirable tant par son contenu que par la grandeur infinie de son étendue ; 2° cet ordre des causes finales n'est pas inhérent aux choses du monde, il ne leur appartient que d'une manière contingente ; c'est-à-dire que la nature des différentes choses ne pouvait pas s'arranger d'elle-même, par tant de moyens concordants, à des fins déterminées, si ces moyens n'avaient pas été choisis expressément et appropriés à ce but par un principe raisonnable, ordonnant le monde suivant certaines idées ; 3° il existe donc une cause sublime et sage, qui doit produire le monde, non pas seulement comme une nature toute puissante agissant aveuglément par sa fécondité, mais comme une *intelligence* par sa *liberté*; 4° l'unité de cette cause se conclut de celle des rapports mutuels des parties du monde, envisagées comme les diverses pièces d'une œuvre d'art ; elle s'en déduit avec certitude dans la sphère qu'atteint notre observation, et au delà avec vraisemblance, suivant tous les principes de l'analogie[2].

Quelle est la valeur de cette preuve qui se présente d'une manière si séduisante? Elle est au fond la même que celle de la preuve cosmologique. Ici, comme là, on s'appuie d'abord sur un passage illégitime du sensible à l'intelligible, et puis sur l'argument ontologique[3].

1. *Von der Unmögl. des physikotheol. Beweises*, p. 4 5.
2. P. 416.
3. P. 418-419.

Mais dès lors, quelle est la réponse que nous devons donner à la question envisagée par la *Théologie transcendantale*? Pas de solution spéculative complète. Nous n. on pouvons dire que ceci : il est permis d'admettre l'existence d'un être suprême. Mais se permettre de dire qu'un tel être existe nécessairement (de telle manière) ou inversement, c'est aller trop loin[1]. De sorte que tout ce que nous pouvons faire en ce qui concerne une pareille question, c'est de nous conformer strictement à la *Critique de la raison pure* et de dire : pour la raison spéculative, l'être suprême, en tant qu'être, est en dehors du monde ; il n'est dans le monde qu'en tant qu'idéal, c'est-à-dire qu'en tant que principe régulateur de la raison spéculative, principe sur lequel celle-ci doit s'appuyer pour s'expliquer le monde[2].

Quelle attitude faut-il donc prendre en matière de Théologie rationnelle? Réduire les prétentions de la spéculation à la modeste mais solide connaissance de soi-même[3].

1. « Es mag wohl erlaubt sein, das Dasein eines Wesens von der höchsten Zulänglichkeit aller Ursache zu allen möglichen Wirkungen anzunehmen... Allein sich so viel herauszunehmen, dass man sogar sage : ein solches Wesen existiert notwendig, ist nicht mehr die bescheidene Aeusserung einer erlaubten Hypothese... » (*Dialektik*, Von der Unmöglichkeit eines kosmologischen Beweises, p. 409.)

2. « So folgt, dass die Materie und überhaupt, was zur Welt gehörig ist, zu der Idee eines notwendigen Urwesens als eines blossen Prinzips der grössten empirischen Einheit nicht schicklich sei, sondern dass es ausserhalb der Welt gesetzt werden müsse... und also (l'être suprême) nur als formale Bedingung des Denkens, nicht aber als materiale und hypostatische Bedingung des Daseins, in meiner Vernunft anzutreffen gewesen sein müsse... » (*Dialektik*, Entdeckung des dialekt. Scheins in allen transcend. Beweisen vom Dasein eines nothw. Wesens, p. 412-413.)

3. *Methodologie*, Disciplin der reinen Vernunft im dogmatischen Gebrauche, Demonstr., p. 482.

Ainsi, la *Critique de la raison pure* ne résout aucun problème métaphysique d'une manière complète. Cependant, tous ses efforts consistent à préciser la position des problèmes métaphysiques[1]. De sorte qu'elle n'est en dernière analyse, ainsi que le dit Kant, ni la simple censure habituelle aux sceptiques ni la doctrine propre aux dogmatiques, mais une véritable *Critique de la raison pure* ; c'est-à-dire qu'elle consiste, en dernière analyse, à nous dire que la solution du grand problème que nous nous sommes posé relativement à la valeur des affirmations métaphysiques de la raison absolument pure, n'est ni celle des dogmatiques qui déclarent cette valeur illimitée, ni celle des sceptiques qui imposent à la raison des bornes (Schranken), mais celle qui lui trace d'une manière précise ses limites (Grenzen)[2]. En d'autres termes, la *Critique de la raison pure* ne fait autre chose que nous apprendre que l'homme, tel qu'il est dans ce monde, ne peut avoir de *science* qu'en tant qu'il se reconnaît comme étant à la fois Sens et Raison ou Entendement (unité synthétique d'aperception), et non pas uniquement Sens ou Raison. Mais par là même elle nous apprend que les idées de la raison absolument pure ne sont pas de simples chimères. C'est-à-dire que la *Critique de la raison*

---

1. L'Esthétique et l'Analytique préparent, et la Dialectique pose les problèmes métaphysiques. C'est ainsi, par exemple, que la distinction du phénomène et du noumène, établie par l'Esthétique et par l'Analytique, pose, dans la Dialectique, le problème de la liberté à côté du déterminisme (IIIe antinomie), le problème de l'existence de Dieu à côté de l'existence du monde (IVe antinomie) et qu'elle déclare comme dépourvues de sens la Ire et la IIe antinomie de la Cosmologie rationnelle, etc.

2. *Method.*, Discipl. d. r. V. in Anseh. ihres polem. Gebr., p. 497.

pure nous apprend que si nous ne pouvons pas avoir des connaissances proprement dites des objets qui correspondent aux idées de la raison absolument pure, — comme sont la liberté morale, la vie future, l'existence de Dieu, — nous pouvons toutefois en avoir certains concepts bien qu'uniquement problématiques[1]. La *Critique de la raison pure* nous apprend donc que les objets des idées de la raison absolument pure ne peuvent pas être connus; cependant, elle nous apprend aussi que ces objets n'en sont pas moins l'objet, et un objet profond, de notre pensée; mais ne l'oublions pas : de notre pensée et non pas de notre connaissance.

Par conséquent, le dernier mot de la *Critique de la raison pure* paraît être le suivant : la raison spéculative ne peut répondre à nos aspirations métaphysiques. Cependant, elle est telle, qu'il nous *reste* encore à savoir si la raison pratique ne pourrait pas y répondre. Car, d'une part, nous pouvons avoir certains concepts, bien qu'uniquement problématiques, des objets qui correspondent aux idées de la raison spéculative (théorique)[2]; et, d'autre part, il y a une liaison bien étroite entre la raison théorique et la raison pratique : tout l'intérêt de la raison se ramène aux trois questions suivantes : 1° Que puis-je savoir? 2° Que dois-je faire? 3° Que m'est-il permis d'espérer? Et, si la première question est purement spéculative, si la seconde est purement pratique, la troisième est à la fois pratique et théorique ; de sorte que la question pratique conduit à la solution même de la question théorique[3].

1. *Von den dialekt. Schlüssen der r. V.*, p. 261.
2. *Von den dialekt. Schlüssen der r. V.*, p. 261.
3. « Alles Interesse meiner Vernunft (das spekulative sowohl

Mais qu'est-ce que tout cela veut dire sinon que, pour bien comprendre la *Critique de la raison pure*, il faut la considérer aussi bien dans ses rapports avec ce qui l'a suivie que dans ses rapports avec ce qui l'a précédée ? Or, nous venons de la voir dans ses rapports avec ce qui l'a précédée. Il nous reste maintenant à l'examiner dans ses rapports avec ce qui l'a suivie.

Nous allons donc voir comment, en passant de la *Critique de la raison pure* aux écrits postérieurs à la *Critique de la raison pure*, nous ne faisons autre chose que revenir au dualisme et au théisme relativement transcendant des écrits antérieurs à la *Critique de la raison pure*.

als das praktische) vereinigt sich in folgenden drei Fragen :

1. Was kann ich wissen ?
2. Was soll ich thun ?
3. Was darf ich hoffen ?

Die erste Frage ist blos spekulativ... Die zweite Frage ist blos praktisch... Die dritte Frage... ist praktisch und theoretisch zugleich, so dass das Praktische nur als ein Leitfaden zu Beantwortung der theoretischen und, wenn diese hoch geht, spekulativen Frage führt ». (*Kritik der reinen Vernunft*, Transc., Method., Von dem Ideal des höchsten Guts, vol. III, p. 522-523.)

CHAPITRE III

Les écrits postérieurs à la Critique
de la raison pure.

1. Critique de la raison pratique. — 2. Critique de la faculté de juger. — 3. La religion dans les limites de la raison.

Dans ce chapitre, consacré aux écrits postérieurs à la *Critique de la raison pure*, nous n'aurons qu'à indiquer à grands traits la position nouvelle du dualisme et par suite du théisme relativement transcendant de Kant, position qui avait caractérisé les écrits antérieurs à la *Critique de la raison pure* et que celle-ci s'était proposé seulement de préciser. Car : 1° cette nouvelle position n'est que trop manifeste; 2° les ouvrages qui la contiennent sont des ouvrages dont le sens a été généralement de beaucoup plus étudié que celui des écrits antécritiques. Aussi ce chapitre sera-t-il nécessairement plus court que les précédents.

1. *Critique de la raison pratique* [1].

La première question ici, dit Kant dans la *Critique de la raison pratique*, est de savoir si la raison suffit, à elle

[1]. *Kritik der praktischen Vernunft*, 1788, V.

seule, c'est-à-dire sans le concours de l'expérience, à déterminer la volonté[1]. Comment résoudre cette question? Elle est résolue par le fait même d'être posée à la suite de la *Critique de la raison pure*. En effet, la *Critique de la raison pure* s'était demandé : « Jusqu'où puis-je espérer arriver avec la raison, alors que tout concours de l'expérience m'est enlevé? » Et à la question qu'elle s'était posée, elle avait répondu par la seule possibilité de l'existence des objets visés par la raison distincte de la sensibilité, et non pas aussi par la possibilité de la connaissance même de ces objets. Mais c'était tout ce qu'il fallait pour poser l'autonomie de la volonté, c'est-à-dire la liberté ou la raison pure pratique. Car une fois qu'on admet comme légitime cette possibilité, la marche en avant s'ensuit d'elle-même. S'il arrive que l'existence de ces objets s'impose à nous comme nécessaire, par quelque moyen que ce soit, cette existence est bien réelle, vu qu'elle est déjà possible[2]. Or, on trouve la manifestation effective de la liberté postulée par la *Critique de la raison pratique* et posée comme possible par la *Critique de la raison pure*; mais pour cela il faut

---

1. « Hier ist also die erste Frage : ob reine Vernunft zur Bestimmung des Willens für sich allein zulange, oder ob sie nur empirisch-bedingte ein Bestimmungsgrund derselben sein könne ». (*Einleitung*, p. 15, vol. V.)

2. « Nun tritt hier ein durch die Kritik der reinen Vernunft gerechtfertigter, obzwar keiner empirischen Darstellung fähiger Begriff der Causalität, nämlich der der Freiheit, ein, und wenn wir anjetzt Gründe ausfindig machen können, zu beweisen, dass diese Eigenschaft dem menschlichen Willen (und so auch dem Willen aller vernünftigen Wesen) in der That zukomme, so wird dadurch nicht allein dargethan, dass reine Vernunft praktisch sein könne, sondern dass sie allein und nicht die empirisch-beschränkte unbedingterweise praktisch sei... » (*Einleitung*, p. 15.)

analyser le jugement que les hommes émettent sur la légitimité de leur action[1]. En effet, dans ce cas, on finit par s'apercevoir que le fondement de la solution du problème posé par la *Critique de la raison pratique* consiste dans le dualisme du sensible et de l'intelligible précisé par la *Critique de la raison pure*[2], et que la moralité se définit par la position de l'intelligible dans toute sa pureté en face du sensible. Mais qu'est-ce que tout cela signifie ?

Cela signifie l'impossibilité pour la morale de se réaliser dans son intégrité autrement qu'en faisant appel au

1. « Das vorher genannte Factum ist unleugbar. Man darf nur das Urteil zergliedern, welches die Menschen über die Gesetzmässigkeit ihrer Handlungen fällen : so wird man jederzeit finden, dass, wass auch die Neigung dazwischen sprechen mag, ihre Vernunft dennoch, unbestechlich und durch sich selbst gezwungen, die Maxime des Willens bei einer Handlung jederzeit an den reinen Willen halte, d. i. an sich selbst, indem sie sich als *a priori* praktisch betrachtet... » (*Analytik*, Von den Grundsätzen der reinen praktischen Vernunft, p. 32 et suiv.).

2: « An dem moralischen Prinzip haben wir ein Gesetz der Causalität aufgestellt, welches den Bestimmungsgrund der letzteren über alle Bedingungen der Sinnenwelt wegsetzt... Wie ist nun hier praktischer Gebrauch der reinen Vernunft mit dem theoretischen eben derselben in Ansehung der Grenzbestimmung ihres Vermögens zu vereinigen ?... Hätte ich mit Hume dem Begriffe der Causalität die objective Realität im praktischen (a) Gebrauche nicht allein in Ansehung der Sachen an sich selbst (des Uebersinnlichen), sondern auch in Ansehung der Gegenstände der Sinne genommen : so wäre er aller Bedeutung verlustig und als ein theoretisch unmöglicher Begriff für gänzlich unbrauchbar erklärt worden, und, da von nichts sich auch kein Gebrauch machen lässt, der praktische Gebrauch eines *theoretisch-nichtigen* Begriffs ganz ungereimt gewesen. » (*Ibid.*, p. 50, 56.)

(a) C'est-à-dire « theoretischen », — car il doit y avoir là une faute de rédaction ou d'impression. Dans les traductions françaises de Barni et de M. Picavet ce mot est, en effet, traduit par « théorique », conformément aux exigences du contexte.

christianisme. Et, en effet : 1° l'agent qui doit réaliser la moralité ainsi conçue (comme intelligible dans toute sa pureté en face du sensible) doit posséder une perfection dont n'est capable, à aucun moment de son existence, aucun être raisonnable du monde sensible ; comment donc cet agent pourra-t-il concevoir la possibilité de la réalisation intégrale de son devoir, sinon en postulant une vie future ? 2° le but (le bonheur) qu'aura à atteindre la moralité ainsi conçue doit être adéquat à cette moralité ; comment donc concevoir une harmonie exacte du bonheur et de la moralité, sinon en postulant l'existence d'une cause du monde, distincte du monde et contenant cependant le principe de l'harmonie exigé par le monde[1] ? Mais de pareils postulats ne sont autre chose que la croyance même des Chrétiens. La morale qu'envisage la *Critique de la raison pratique* et que réclament

1. « Das Wesentliche aller Bestimmung des Willens durchs sittliche Gesetz ist : dass er als freier Wille, mithin nicht blos ohne Mitwirkung sinnlicher Antriebe, sondern selbst mit Abweisung aller derselben und mit Abbruch aller Neigungen, so fern sie jenem Gesetze zuwider sein könnten, blos durchs Gesetz bestimmt werde ». (*Ibid.*, Von den Triebfedern der reinen praktischen Vernunft, p. 72.)

« Die völlige Angemessenheit des Willens aber zum moralischen Gesetze ist *Heiligkeit*, eine Vollkommenheit, deren kein vernünftiges Wesen der Sinnenwelt in keinem Zeitpunkte seines Daseins fähig ist... Also ist das höchste Gut praktisch nur unter der Voraussetzung der Unsterblichkeit der Seele möglich. » (*Dialektik*, Von der Dialektik der reinen Vernunft in Bestimmung des Begriffs vom höchsten Gut; die Unsterblichkeit der Seele, als ein Postulat der reinen praktischen Vernunft, p. 122.)

« Also wird auch das Dasein einer von der Natur unterschiedenen Ursache der gesammten Natur, welche den Grund dieses Zusammenhanges, nämlich der genauen Uebereinstimmung der Glückseligkeit mit der Sittlichkeit, enthalte, postulirt. » (*Ibid.*, Das Dasein Gottes, als ein Postulat der reinen praktischen Vernunft, p. 125.)

ces postulats ne consiste ni dans le seul sensible des
Epicuriens ni dans cet intelligible des Stoïciens qui se
suffit absolument à lui-même, — mais elle consiste dans
le rapport même entre le sensible et l'intelligible, c'est-à-
dire qu'elle consiste dans le fait de poser comme le
christianisme : 1° le dualisme radical entre le sensible et
l'intelligible ; 2° Dieu comme raison de la nécessité de
triompher du sensible par l'intelligible. Ainsi, les Stoïciens par exemple avaient bien raison de dire qu'un
homme vraiment moral ne doit pas seulement se borner
à développer le germe du bien qui est en lui, mais qu'il
doit encore lutter contre la cause du mal qu'il trouve
également en lui. Cependant, ils se trompaient quand ils
croyaient que le mal consiste dans le sensible pris en lui-
même, car le mal consiste dans l'influence illégitime du
sensible sur l'intelligible. Mais cette méprise leur était
fatale du moment qu'ils se bornaient à expliquer la moralité en elle-même et pour elle-même, et non pas comme
un commandement divin[1]. Par conséquent, la Morale que

1. « Aus dieser Deduction wird es nunmehr begreiflich, warum
die griechischen Schulen zur Auflösung ihres Problems von der
praktischen Möglichkeit des höchsten Guts niemals gelangen konn-
ten : weil sie nur immer die Regel des Gebrauchs, den der Wille
des Menschen von seiner Freiheit macht, zum einzigen und für sich
allein zureichenden Grunde derselben machten, ohne ihrem Bedün-
ken nach das Dasein Gottes dazu zu bedürfen... Die Epikureer
hatten nun zwar ein ganz falsches Prinzip der Sitten zum obersten
angenommen, nämlich das der Glückseligkeit und eine Maxime der
beliebigen Wahl nach jedes seiner Neigung für ein Gesetz unterge-
schoben. Die Stoiker hatten dagegen ihr oberstes praktisches Prinzip, nämlich die Tugend, als Bedingung des höchsten Guts ganz
richtig gewählt, aber indem sie den Grad derselben, der für das
reine Gesetz derselben erforderlich ist, als in diesem Leben völlig
erreichbar vorstellten, nicht allein das moralische Vermögen des

prépare la *Critique de la raison pure* et qu'envisage la *Critique de la raison pratique* est une Morale qui conduit à la Religion. Mais de quelle manière précise cette Morale conduit-elle à la Religion? La réponse à cette question doit jaillir de l'étude complète de la Morale. Or, la *Critique de la raison pratique* épuise-t-elle toute l'étude de la Morale? Non, car la *Critique de la faculté de juger* paraît avoir été faite par Kant dans l'intention justement de compléter l'œuvre inachevée de la *Critique de la raison*

Menschen, unter dem Namen eines Weisen, über alle Schranken seiner Natur hoch gespannt, und etwas, das aller Menschenkenntnis widerspricht, aufgenommen, sondern auch, vornehmlich das zweite zum höchsten Gut gehörige Bestandstück, nämlich die Glückseligkeit, gar nicht für einen besonderen Gegenstand des menschlichen Begehrungsvermögens wollen gelten lassen, sondern ihren Weisen, gleich einer Gottheit, im Bewusstsein der Vortrefflichkeit seiner Person, von der Natur (in Absicht auf seine Zufriedenheit) ganz unabhängig gemacht, indem sie ihn zwar Uebeln des Lebens aussetzten, aber nicht unterwarfen (zugleich auch als frei vom Bösen darstellten). » (*Das Dasein Gottes als ein Postulat der reinen praktischen Vernunft*, p. 126-127.)

« ... Die Lehre des Christentums, wenn man sie auch noch nicht als Religionslehre betrachtet, giebt in diesem Stücke einen Begriff des höchsten Guts (des Reichs Gottes), der allein der strengsten Forderung der praktischen Vernunft ein Genüge thut... Auf solche Weise führt das moralische Gesetz durch den Begriff des höchsten Guts, als das Object und den Endzweck der reinen praktischen Vernunft, zur *Religion*, d. i. zur *Erkenntnis aller Pflichten als göttlicher Gebote*... Nur dann, wenn Religion dazu kommt, tritt auch die Hoffnung ein, der Glückseligkeit dereinst in dem Masse teilhaftig zu werden, als wir darauf bedacht gewesen, ihrer nicht unwürdig zu sein » (p. 127-130).

Pour l'intelligence de l'opposition entre le dualisme du christianisme et le monisme de la philosophie, dont il est question ici, il est bon de se référer aussi à la *Religion dans les limites de la raison* (II° partie) où cette opposition est admirablement mise en lumière par Kant.

pratique, à savoir : 1° de nous expliquer le passage de la *Critique de la raison pure* à la *Critique de la raison pratique* ; 2° de nous préparer à l'intelligence du passage de la Morale à la Religion, passage qu'aura à nous expliquer la *Religion dans les limites de la seule raison*.

2. *Critique de la faculté de juger* [1].

Kant exprime sous bien des formes l'objet essentiel de la *Critique de la faculté de juger*. Mais cet objet reste toujours le suivant : La *Critique de la raison pratique*, considérée dans son seul rapport avec la *Critique de la raison pure*, nous conduit à une sorte d'abîme entre le monde tel qu'il nous est donné par la *Critique de la raison pure* et la morale telle qu'elle nous est donnée par la *Critique de la raison pratique*. Car : 1° la morale, pour pouvoir être réalisée, a besoin de certains postulats qui dépassent les limites du monde donné; 2° cependant, c'est toujours dans le monde donné qu'elle doit commencer sa réalisation. Or, comment franchir cet abîme, c'est-à-dire dans quelle mesure la moralité se réalise-t-elle dans le monde donné? Voilà l'objet essentiel de la *Critique de la faculté de juger* [2]. Il s'agit donc de savoir : 1° si la nature

1. *Kritik der Urteilskraft*, 1790, V.
2. Ob nun die Urteilskraft die in der Ordnung unserer Erkenntnisvermögen zwischen dem Verstande und der Vernunft ein Mittelglied ausmacht, auch für sich Prinzipien *a priori* habe; ob diese constitutiv oder bloss regulativ sind (und also kein eigenes Gebiet beweisen), und ob sie dem Gefühle der Lust und Unlust, als dem Mittelgliede zwischen dem Erkenntnisvermögen und Begehrungsvermögen (eben so wie der Verstand dem ersteren, die Vernunft aber dem letzteren *a priori* Gesetze vorschreiben), *a priori* die Regel

s'accorde avec le but poursuivi par la morale; 2° dans quelle mesure la nature s'accorde avec le but poursuivi par la morale; 3° ce qu'il faut faire au cas où la morale ne peut se réaliser entièrement dans la nature telle qu'elle nous est donnée.

D'abord, il est évident qu'il doit y avoir un accord entre la nature et la morale, puisque celle-ci doit être réalisée dans celle-là. En quoi consiste cet accord? Il consiste dans le finalisme de la nature, finalisme que nous découvre l'examen de la faculté de juger ou du passage de la raison théorique à la raison pratique [1].

gebe : das ist es, womit sich gegenwärtige Kritik der Urteilskraft beschäftigt. » (*Vorrede*, p. 168, vol. V.)

« Ob nun zwar eine unübersehbare Kluft zwischen dem Gebiete des Naturbegriffs, als dem Sinnlichen, und dem Gebiete des Freiheitsbegriffs, als dem Uebersinnlichen, befestigt ist, so dass von dem ersteren zum anderen (also vermittelst des theoretischen Gebrauchs der Vernunft) kein Uebergang möglich ist, gleich als ob es so viel verschiedene Welten wären, deren erste auf die zweite keinen Einfluss haben kann, nämlich der Freiheitsbegriff soll den durch seine Gesetze aufgegebenen Zweck in der Sinnenwelt wirklich machen; und die Natur muss folglich auch so gedacht werden können, dass die Gesetzmässigkeit ihrer Form wenigstens zur Möglichkeit der in ihr zu bewirkenden Zwecke nach Freiheitsgesetzen zusammenstimme. Also muss es doch einen Grund der Einheit des Uebersinnlichen, welches der Natur zum Grunde liegt, mit dem, was der Freiheitsbegriff praktisch enthält, geben, wovon der Begriff, wenn er gleich weder theoretisch noch praktisch zu einem Erkenntnisse desselben gelangt, mithin kein eigentümliches Gebiet hat, dennoch den Uebergang von der Denkungsart nach den Prinzipien der einen zu der nach Prinzipien der anderen möglich macht. » (*Einleitung*, p. 175-176.)

1. « Die Wirkung nach dem Freiheitsbegriffe ist der Endzweck, der (oder dessen Erscheinung in der Sinnenwelt) existieren soll, wozu die Bedingung der Möglichkeit desselben in der Natur (des Subjects als Sinnenwesens, nämlich als Mensch) vorausgesetzt wird.

Ainsi, entre le mécanisme de la nature prouvé par la *Critique de la raison pure* et la liberté prouvée par la *Critique de la raison pratique* se trouve le finalisme prouvé par la *Critique de la faculté de juger*, et ce finalisme nous montre justement que la nature est, en particulier, le domaine. même de la moralité. Mais dans quelle mesure précise le mécanisme de la nature sert-il de moyen aux fins de la nature? Voilà toute la question. Eh bien, la réponse est que, quelque adéquat qu'il soit aux fins de la nature, le mécanisme n'y est jamais assez adéquat. Certes, nous rencontrons toujours des fins dans le monde donné. Mais nous cherchons en vain le but final dans ce monde. La considération du rapport entre le mécanisme et le finalisme dans le monde ne peut nous conduire qu'à la possibilité de trouver le supra-sensible à la fois en nous et hors de nous; c'est-à-dire que cette considération ne peut nous conduire qu'à la religion. Par conséquent, la *Critique de la faculté de juger* ne saurait, à elle seule, résoudre définitivement les problèmes qu'elle se pose. Pour avoir une réponse satisfaisante aux questions qu'elle se pose, elle doit recourir à la religion. Mais nous savons que la *Critique de la raison pratique* nous a déjà conduit à la religion. Pourquoi, dès lors, avons-nous encore entrepris cette *Critique de la faculté de*

Das, was diese *a priori* und ohne Rücksicht auf das Praktische voraussetzt, die Urteilskraft, giebt den vermittelnden Begriff zwischen den Naturbegriffen und dem Freiheitsbegriffe, der den Uebergang von der reinen theoretischen zur reinen praktischen, von der Gesetzmässigkeit nach der ersten zum Endzwecke nach dem letzten möglich macht, in dem Begriffe einer Zweckmässigkeit der Natur an die Hand; denn dadurch wird die Möglichkeit des Endzwecks, der allein in der Natur und mit Einstimmung ihrer Gesetze wirklich werden kann, erkannt. » (*Ibid.*, p. 195-196.)

juger qui, elle aussi, nous conduit à la religion? C'est pour montrer d'une manière plus précise qu'il faut arriver à la religion par la pratique et non pas par la théorie [1].

Mais comment passe-t-on de la Morale à la Religion? La *Religion dans les limites de la raison* nous montrera

1. « Nun finden wir aber in der Welt zwar Zwecke : und die physische Teleologie stellt sie in solchem Masse dar, dass, wenn wir der Vernunft gemäss urtheilen, wir zum Prinzip der Nachforschung der Natur zuletzt anzunehmen Grund haben, dass in der Natur gar nichts ohne Zweck sei; allein den Endzweck der Natur suchen wir in ihr selbst vergeblich. » (*Methodenlehre*, par. 88, p. 454.) « Die Einschränkung der Vernunft, in Ansehung aller unserer Ideen vom Uebersinnlichen, auf die Bedingungen ihres praktischen Gebrauchs hat, was die Idee von Gott betrifft, den unverkennbaren Nutzen : dass sie verhütet, dass *Theologie* sich nicht in *Theosophie* (in vernunftverwirrende überschwengliche Begriffe) versteige, oder zur *Dämonologie* (einer anthropomorphistischen Vorstellungsart des höchsten Wesens) herabsinke; dass *Religion* nicht in *Theurgie* (ein schwärmerischer Wahn, von anderen übersinnlichen Wesen Gefühl und auf sie wiederum Einfluss haben zu können), oder in *Idolatrie* (ein abergläubischer Wahn, dem höchsten Wesen sich durch andere Mittel, als durch eine moralische Gesinnung, wohlgefällig machen zu können) gerate » (Par. 89, p. 459)... « Auf solche Weise führt eine Theologie auch unmittelbar zur *Religion, d. i. der Erkenntnis unserer Pflichten als göttlicher Gebote* : weil die Erkenntnis unserer Pflicht und des darin uns durch Vernunft auferlegten Endzwecks den Begriff von Gott zuerst bestimmt hervorbringen konnte, der also schon in seinem Ursprunge von der Verbindlichkeit gegen dieses Wesen unzertrennlich ist; anstatt dass, wenn der Begriff vom Urwesen auf dem bloss theoretischen Wege (nämlich desselben als blosser Ursache der Natur) auch bestimmt gefunden werden könnte, es nachher noch mit grosser Schwierigkeit, vielleicht gar Unmöglichkeit es ohne willkürliche Einschiebung zu leisten verbunden sein würde, diesem Wesen eine Causalität nach moralischen Gesetzen durch gründliche Beweise beizulegen, ohne die doch jener angeblich theologische Begriff keine Grundlage zur Religion ausmachen kann. » (*Allgemeine Anmerkung zur Teleologie*, p. 481.)

que ce passage s'opère : 1° en partant du dualisme radical
du sensible et de l'intelligible dans le monde donné ; 2° en
arrivant à un théisme relativement transcendant au
monde.

3. *La Religion dans les limites de la raison*[1].

On se rappelle quelles sont, selon Kant, les grandes
questions de la Philosophie ; elles sont les suivantes : que
puis-je savoir ; que dois-je faire ; que m'est-il permis
d'espérer ? *La Religion dans les limites de la simple raison*
paraît être la conclusion même des études faites par Kant
dans les trois critiques en vue de répondre à ces questions. Quelle est donc cette conclusion ? Elle n'est autre
chose que la double position du dualisme radical dans le
monde et du théisme relativement transcendant au
monde.

En effet, la *Religion dans les limites de la seule raison*
part de ce point établi par la *Critique de la faculté de
juger*, à la suite de la *Critique de la raison pure* et de la
Critique de la raison pratique, à savoir l'impossibilité pour
l'homme de réaliser entièrement la moralité dans le
monde donné, — et elle se demande : 1° pourquoi
l'homme est-il dans cette impossibilité ; 2° comment
l'homme pourrait-il transformer cet impossible en possible ? — Or, la réponse à la première question est donnée
par le péché radical, c'est-à-dire par la position du dualisme radical qui caractérise l'être humain, — et la
réponse à la seconde question est donnée par la nécessité

---

1. *Die Religion innerhalb der Grenzen der blossen Vernunft*, 1793,
VI.

d'adhérer au christianisme, c'est-à-dire par la position du théisme relativement transcendant.

L'homme tel qu'il est dans la nature, dit Kant, est un être corrompu. Mais, s'il en est ainsi, comment peut-il encore espérer se rendre agréable à Dieu? C'est une question qui, d'une part, dépasse tout le pouvoir de notre raison spéculative, mais qui, d'autre part, trouve sa réponse dans notre raison pure pratique, à savoir dans le fait de partir de notre devoir. C'est donc en partant de son devoir que l'homme peut répondre à cette question finale de la Philosophie « Que puis-je espérer? ». Mais que signifie au juste « Partir de notre devoir »? Voilà toute la question. Eh bien, la réponse est que « partir de notre devoir » signifie avoir une foi vive dans le fils de Dieu, — car le fils de Dieu représente le modèle de l'humanité, c'est-à-dire l'idée morale de la raison qui nous sert non seulement de règle, mais encore de mobile, et qui, comme telle, est à la fois en nous et en Dieu [1].

---

1. « Wenn aber der Mensch von Natur verderbt ist, wie kann er glauben, aus sich, er mag sich auch bestreben, wie er wolle, einen neuen, Gott wohlgefälligen Menschen zu machen?... » (III. Stück, VII, p. 117). « ... Diese Frage übersteigt das ganze Speculationsvermögen unserer Vernunft. Aber fürs Praktische... ist kein Bedenken... » (*Ibid.*, p. 117-118). « ... Das wäre aber den Knoten (durch eine praktische Maxime) zerhauen, anstatt ihn (theoretisch) aufzulösen, welches auch allerdings in Religionsfragen erlaubt ist. Zur Befriedigung des letzteren Ansinnens kann indessen folgendes dienen. Der lebendige Glaube an das Urbild der Gott wohlgefälligen Menschheit (den Sohn Gottes) *an sich selbst* ist auf eine moralische Vernunftidee bezogen, sofern diese uns nicht allein zur Richtschnur, sondern auch zur Triebfeder dient, und also einerlei, ob ich von ihm, als rationalem Glauben, oder vom Prinzip des guten Lebenswandels anfange... Also sind hier nicht zwei an sich verschiedene Prinzipien, von deren einem oder dem andern anzufangen, entgegengesetzte Wege einzuschlagen wären, sondern nur eine und die-

Ainsi, la *Religion dans les limites de la simple raison*
part d'un dualisme aussi radical que possible et aboutit à
un théisme relativement transcendant ou chrétien. Or,
ce dualisme radical, et, partant, ce théisme relativement
transcendant ou chrétien, — que nous avons déjà rencon-
trés dans la période antécritique, — ne semblent-ils pas
justement, d'après ce que nous venons de voir, être, dans
la pensée de Kant, les conséquences nécessaires de la
Critique de la raison pure?

selbe praktische Idee, von der wir ausgehen, einmal, sofern sie das
Urbild als in Gott befindlich, und von ihm ausgehend, ein ander-
mal, sofern sie es als in uns befindlich » (p. 119).

CONCLUSION

Kant paraît avoir toujours été en quête d'une méthode dualiste, propre à une métaphysique transcendantale ou à une métaphysique qui montrât l'illégitimité à la fois du scepticisme et du mysticisme ou qui conciliât la science et la religion chrétienne; mais il paraît aussi n'avoir jamais pu arriver à formuler cette méthode dualiste d'une manière précise.

Quoi qu'il en soit, toujours est-il qu'il y a chez Kant : 1° un rapport assez étroit entre son dualisme et son théisme, c'est-à-dire entre sa méthode et sa conception métaphysique; 2° des termes d'un dualisme qui ne sont ni des attributs de Dieu comme ceux du parallélisme d'un Spinoza, ni de simples termes méthodiques comme ceux de l'idéalisme systématique d'un Cohen; mais les termes d'un dualisme à la fois bien réel et bien radical du monde donné; c'est-à-dire des termes d'un dualisme qui paraît nous conduire à un théisme différent à la fois du théisme absolument immanent d'un Spinoza et du théisme absolument transcendant d'un Cohen; des termes d'un dualisme qui semble nous conduire à un théisme « relativement transcendant » ou, si l'on veut, à une illustration rationnelle de la croyance des Chrétiens en Jésus-Christ comme intermédiaire entre l'homme et Dieu, un dualisme posé dans toute sa force avant la *Critique de la raison pure*, atténué et longuement travaillé dans celle-ci, posé de nouveau dans toute sa force après elle. — C'est ce que nous a montré ce qui précède. — De sorte que nous nous demandons si la *Critique de la raison pure* n'est pas, au fond, un travail de précision du dualisme radical qui a toujours caractérisé Kant et si, par conséquent, elle peut justifier un autre théisme que le théisme relativement transcendant ou chrétien.

Certes, il reste à savoir dans quelle mesure cette « précision » opérée par la *Critique de la raison pure* est légitime; et c'est là, peut-être, la grande question philosophique; dans quelle mesure le théisme relativement transcendant ou le christianisme spécial de Kant est bien fondé ou en conformité avec le christianisme traditionnel; si ce christianisme n'est pas par trop travaillé par la raison, etc. Mais nous ne saurions répondre ici à de pareilles questions. Le présent ouvrage n'est qu'un morceau d'introduction à une étude complète sur Kant auteur de la *Critique de la raison pure*. Notre but dans le présent travail, disons-le encore une fois, a été seulement d'insister sur l'un des traits essentiels, — et tel quel, — de Kant, c'est-à-dire : 1° de mettre en relief la connexion, chez celui-ci, entre le dualisme et le théisme ; 2° de demander si cette connexion ne jette pas quelque lumière sur le but essentiel de la *Critique de la raison pure* et, par suite, sur la nature du théisme de Kant. Une étude complète sur l'auteur de la *Critique de la raison pure* devrait encore se demander : d'où lui vient le dualisme sur lequel il bâtit toute sa philosophie; que vaut au juste ce dualisme.

ERRATA

Page 7, ligne 7, fermer les guillemets après *Forces Vives*.
— 50, — 24, au lieu de *praticum*, lire *practicum*.

TABLE DES MATIÈRES

Paris. — L. Maretheux, imprimeur, 1, rue Cassette.